Möchten Sie diese Interpretationshilfe lieber am PC oder auf Ihrem Smartphone nutzen? Über folgenden Zugangscode können Sie die digitale Version dieses Bandes freischalten.

WWW.LEKTUEREN-VERSTEHEN.DE

Ihr persönlicher E-Book-Code:

7081-1-DWMC77UK

Alle weiteren Infos finden Sie unter:
www.bange-verlag.de/E-Book

KÖNIGS ERLÄUTERUNGEN
BAND 317

Textanalyse und Interpretation zu

Juli Zeh

CORPUS DELICTI

EIN PROZESS

Thomas Möbius

Alle erforderlichen Infos für Abitur, Matura, Klausur und Referat plus Musteraufgaben mit Lösungsansätzen

Bange Verlag

Zitierte Ausgabe:
Zeh, Juli: *Corpus Delicti. Ein Prozess*. 12. Aufl. München: btb, 2010.

Über den Autor dieser Erläuterung:
Prof. Dr. phil. habil. Thomas Möbius, Studium der Germanistik/ev. Theologie/Philosophie, Studienrat an einem Gymnasium in Mannheim und an der *German European School* in Singapur, Akademischer Oberrat an der Pädagogischen Hochschule Heidelberg, nach Professuren in Freiburg, Osnabrück, Greifswald und Aachen Professor für Germanistische Literaturwissenschaft und Literaturdidaktik an der Justus-Liebig-Universität Gießen.

Für Philipp

1. Auflage 2022
ISBN 978-3-8044-2081-6
PDF: 978-3-8044-6081-2, EPUB: 978-3-8044-7081-1

Titelabbildung: Symbol der Justitia am Eingang des Kriminalgerichts Moabit.
© picture alliance/dpa | Philipp Znidar
Druck und Weiterverarbeitung: Plump Druck & Medien GmbH, Rheinbreitbach

1 DAS WICHTIGSTE AUF EINEN BLICK – SCHNELLÜBERSICHT

Damit sich alle Leserinnen und Leser in unserem Band rasch zurechtfinden und das für sie Interessante gleich entdecken, hier eine Übersicht:

Im zweiten Kapitel werden das **Leben Juli Zehs und der zeitgeschichtliche Hintergrund** beschrieben:

S. 11 f.

- Juli Zeh wurde 1974 in Bonn geboren. Sie studierte Rechtswissenschaft und Literaturwissenschaft in Passau und Leipzig, absolvierte 2003 das Zweite Juristische Staatsexamen und wurde 2010 zum Dr. jur. promoviert. Ihr erster Roman *Adler und Engel* erschien 2001. Seither ist sie literarisch äußerst produktiv.

S. 14 ff.

- Die Zeit war politisch geprägt durch den Anschlag auf das World Trade Center am 11. September 2001 und dem darauf folgenden „Kampf gegen den Terror", der sich innenpolitisch vor allem durch zunehmende staatliche Überwachung bemerkbar machte. Daneben führte die zunehmende Digitalisierung aller Lebensbereiche zu einer immer stärkeren Verwischung der Grenze zwischen privatem und öffentlichem Bereich.
- Der Roman *Corpus Delicti* wurde 2009 veröffentlicht. Er zählt zum Genre der Science-Fiction-Literatur und weist motivgeschichtliche Parallelen zu anderen Werken desselben Genres auf.

Im dritten Kapitel bieten wir eine Textanalyse und Interpretation.

Entstehung und Quellen:

In einem Interview schildert Zeh, wie die politischen Reaktionen auf den Terroranschlag vom 11. September 2001 und vor allem die verschärften Sicherheitsgesetze sie erschreckten und dazu brachten, das Buch *1984* von George Orwell zu lesen. Die dort entwickelte negative Utopie („Dystopie") am Beispiel eines Staatswesens, das das Leben seiner Bürger ohne Einschränkung überwacht und bestimmt, wurde zum Gattungstyp ihres Romans, in dem ein Staat vorgeblich zum (gesundheitlichen) Schutz der Menschen jede autonome menschliche Selbstbestimmung sanktioniert. S. 26 ff.

Corpus Delicti wurde zunächst als Theaterstück für die Ruhrtriennale in Essen geschrieben (2007) und erschien später als Roman (2009). Auch eine Vertonung als *Schallnovelle* (2009) liegt vor. 2020 veröffentlichte Zeh *Fragen zu „Corpus Delicti"*.

Inhalt:

Der Roman spielt in der Zukunft in einem Überwachungsstaat, der das Ziel verfolgt, seinen Bürgern ein gesundes und langes Leben zu ermöglichen. Zur Erreichung des Ziels kontrolliert der Staat die Lebensführung jedes Einzelnen, eine ungesunde Lebensweise wird bestraft. Die Protagonistin des Romans ist die 34-jährige Biologin Mia Holl, die den Tod ihres Bruders aufklären will und sich dabei von einer Befürworterin zu einer Gegnerin des staatlichen Systems entwickelt. Ihr Bruder Moritz Holl soll eine Frau vergewaltigt und getötet haben, da man seine DNA-Spuren im Körper der Leiche entdeckt; er nimmt sich im Gefängnis das Leben, als er begreift, dass man seinen Unschuldsbeteuerungen keinen Glauben schenken will. Schließlich beweist der Anwalt Mia Holls, dass der Spender des Knochenmarks, das ihrem Bruder als Kind das Leben rettete, der Täter sein muss. Damit wird die Fehlbarkeit des staatlichen Systems aufgedeckt. Um sie nicht zur Märtyrerin zu machen, verzichtet der Staat auf eine Bestrafung Mias und ordnet stattdessen eine Psychotherapie an. S. 31 ff.

Chronologie und Schauplätze:

S. 56 ff. Der Roman spielt in der Zukunft, in der Mitte des 21. Jahrhunderts, ungefähr einen Sommer lang (aus den Angaben auf S. 85 lässt sich das Jahr 2043 errechnen, dem widerspricht aber die Angabe auf S. 138, da der 14. Juli 2043 nicht auf einen Montag fällt, wohl aber 2042; auch im Jahr 2053 fällt der 14. Juli auf einen Montag).

Handlungsort ist wohl Deutschland, darauf weisen vor allem die fiktiven juristischen Texte hin, allerdings wird kein konkreter Ort in Deutschland genannt. Der Roman beginnt mit einem Zitat aus einem fiktiven Standardwerk und dem Urteil gegen Mia Holl, das am Ende über sie verhängt wird; die nachfolgende Erzählung ist somit als Rückblende aufzufassen, in der die Begründung für das Urteil ausführlich dargelegt wird. Der durch das zu Beginn zitierte Urteil eröffnete erzählerische Rahmen wird am Schluss des Buches geschlossen, als das Urteil erneut zitiert und die Rückblende beendet wird (vgl. S. 259). Im letzten Abschnitt *Zu Ende* wird die Geschichte über die Rahmenhandlung hinaus weitererzählt.

Personen:

Die Hauptpersonen sind:

Mia Holl:

S. 60 ff.

- 34 Jahre alt, erfolgreiche Biologin
- ohne Partner, aber innige Verbundenheit mit ihrem Bruder
- anfänglich Anhängerin der „METHODE" aus naturwissenschaftlicher Überzeugung, im Laufe des Romans immer mehr Verfechterin eines Individualitäts- und Freiheitsideals

Moritz Holl:

S. 64 f.

- 27 Jahre alt, wird als „Träumer" charakterisiert (vgl. S. 33), hatte als Kind Leukämie, die durch eine Knochenmarktransplantation geheilt werden konnte

- überzeugter Idealist, der sein Leben unabhängig und frei gestalten möchte und der sich gegen die staatliche Kontrolle wehrt
- gerät in einen Mordfall und wird fälschlicherweise als Täter verurteilt; begeht Suizid im Gefängnis
- Moritz' Position wird in der idealen Geliebten personifiziert, die nach seinem Tod als Gesprächspartnerin von Mia fungiert und damit den inneren Konflikt Mias dramaturgisch nachvollziehbar werden lässt

Heinrich Kramer:

- verheiratet, zwei Kinder, führt aus Überzeugung ein systemkonformes Leben S. 66 f.
- wird als gesunde und selbstbewusste Erscheinung beschrieben, die die Macht der Presse zum Kampf gegen Feinde der „METHODE“ nutzt
- wichtigster ideeller Gegner Mias, der über großen Einfluss verfügt

Neben diesen Hauptfiguren existiert eine Reihe von Nebenfiguren wie z. B. die Bewohnerinnen des „Wächterhauses“, der Verteidiger Lutz Rosentreter, Richterin Sophie und Staatsanwalt Bell, die sich als Befürworter oder Gegner der „METHODE“ positionieren. S. 67 ff.

Stil und Sprache:

Der Roman ist in Alltagssprache verfasst. Zuweilen werden Texte aus fiktiven Quellen bzw. pragmatischen Kontexten (juristische Texte) zitiert (Montagetechnik). Fiktive Ideologeme („METHODE“) sind in die Erzähltexte eingebaut. Die Erzählweise lässt sich als extradiegetisch-heterodiegetisch beschreiben, dabei überwiegen im Hinblick auf das Wissen des Erzählers und dem einer Figur die interne und externe Fokalisierung (zuweilen tritt auch Null-Fokalisierung auf), mit den Begriffen von Franz Karl Stanzel ausgedrückt: Es dominieren die personale und die S. 78 ff.

neutrale Erzählperspektive, zuweilen finden sich auch auktoriale Passagen.

Interpretationsansätze:

Zwei Interpretationsansätze bieten sich an:

Corpus Delicti ist

S. 83 ff.

- ein politisches Buch, das sich thematisch-inhaltlich vor allem mit der durch die immer perfekter werdenden technischen Instrumente der staatlichen Überwachung des Individuums auseinandersetzt.

S. 98 ff.

- ein Werk, das formal-gattungsmäßig als Science-Fiction-Roman zu begreifen ist, da die Erzählgegenwart in der Zukunft angesiedelt ist; genremäßig handelt es sich um einen dystopischen Roman.

JULI ZEH: LEBEN UND WERK

2

2.1 Biografie

Jahr	Ort	Ereignis	Alter
1974	Bonn	Geburt von Julia Barbara Zeh am 30. Juni; Vater Jurist, Mutter Übersetzerin	
1993–1998	Passau, Leipzig	Studium der Rechtswissenschaft (Stipendiatin der Studentenstiftung des Deutschen Volkes) Erstes Juristisches Staatsexamen	19–24
1996–2000	Leipzig	Studium am Deutschen Literaturinstitut Leipzig; erste Veröffentlichungen von Kurzgeschichten und Essays, später folgen Romane, Bühnenstücke, Kinderbücher und Sachbücher	22–26
1999–2001	Leipzig	Magisterstudium für Europarecht	25–27
2001	Frankfurt a. M.	Debütroman *Adler und Engel*	27
2001–2003	Leipzig	Juristisches Referendariat beim Landgericht Leipzig Zweites Juristisches Staatsexamen	27–29
2007	Barnewitz	Umzug mit Familie nach Barnewitz/Havelland; Tätigkeit als Volljuristin und Schriftstellerin	33
	Essen	***Corpus Delicti* wird während der Ruhr-Triennale uraufgeführt (Regie: Anja Gronau)**	
2008		Verfassungsbeschwerde gegen die Einführung des biometrischen Reisepasses	34
2009	Frankfurt a. Main	***Corpus Delicti. Ein Prozess*** erscheint im Verlag Schöffling & Co	35

Juli Zeh (*1974)
© picture-alliance/ZB | Karlheinz Schindler

2.1 Biografie

Jahr	Ort	Ereignis	Alter
2010	Saar-brücken	Promotion zum Dr. jur. mit einer Arbeit zum europäischen Recht über die Rechtsetzungstätigkeiten von Übergangsverwaltungen im Kosovo und Bosnien-Herzegowina	36
2013	Berlin	Petition an die deutsche Bundeskanzlerin Angela Merkel mit über 67.000 Unterschriften und einen „Marsch aufs Kanzleramt" für eine angemessene politische Reaktion auf die Spionageaktivitäten der amerikanischen NSA in Deutschland	39
	München	Zeh wird mit dem „Thomas Mann-Preis" ausgezeichnet	
2014	Berlin	Erneuter offener Brief gegen das „Schweigen der Kanzlerin" zur NSA-Affäre	40
		Offener Brief gegen die Geschäftspraktiken des Online-Händlers Amazon	40
2016	München	Veröffentlichung des Romans *Unterleuten*, der 2018 für das ZDF verfilmt wurde (Regie: Matti Geschonneck)	42
2017	Berlin	Eintritt in die SPD	43
2018	Potsdam	Berufung als ehrenamtliche Richterin ans Landesverfassungsgericht Brandenburg	44
2020		Juli Zeh kritisiert wiederholt die Corona-Politik in der BRD aus verfassungsrechtlichen Gründen. **Fragen zu *Corpus Delicti* erscheint.**	46
2021	München	Zeh veröffentlicht den Roman *Über Menschen*, der wieder in Brandenburg spielt	47
2022	Köln	29. April : Zeh unterzeichnet den offenen Brief in der Zeitschrift *Emma* gegen schwere Waffenlieferungen an die Ukraine im Russland-Konflikt. Juli Zeh lebt mit ihrer Familie in Brandenburg	48

Seit 1996 veröffentlicht Juli Zeh Erzählungen, Romane und Dramen, aber auch Kinderbücher und Sachbücher. Zeitaktuelle und gesellschaftspolitische Fragen stehen in ihren Texten häufig im Vordergrund. In dem zusammen mit Ilja Trojanow verfassten Sachbuch *Angriff auf die Freiheit: Sicherheitswahn, Überwachungsstaat und der Abbau bürgerlicher Rechte* (2009) beispielsweise warnt sie vor dem Verschwinden der Privatsphäre durch die zunehmende Überwachung von Seiten des Staates, aber auch von Seiten der Wirtschaft – das ist ein Thema, das auch im Zentrum des Romans *Corpus Delicti* steht. (Einen Auszug aus dem Buch kann man ab S. 132 im Materialienteil dieser Erläuterung nachlesen.)

Darüber hinaus macht Juli Zeh in Talkshows, Zeitungen und Protestbriefen auf ihre politische Position aufmerksam, beispielsweise initiierte sie im Jahre 2013 gemeinsam mit zahlreichen anderen Schriftstellern einen in mehreren internationalen Tageszeitungen erschienenen Aufruf gegen die staatliche Massenüberwachung, 2014 protestierte sie mit eine großen Zahl von Mitunterzeichnern gegen die Geschäftspraktiken des Online-Händlers Amazon und 2022 gegen Waffenlieferungen an die Ukraine im Russland-Konflikt.

2.2 Zeitgeschichtlicher Hintergrund

Zusammenfassung

In diesem Kapitel wird der zeitgeschichtliche Hintergrund von Juli Zeh beleuchtet, der zum Teil auch als politischer Hintergrund der Handlung in *Corpus Delicti* genommen werden kann.
Wichtig für den Zeitraum von den 1960er-Jahren bis heute:

- nach dem wirtschaftlichen Wiederaufbau in den 1950er-Jahren Auseinandersetzung mit der deutschen Vergangenheit in den 1960er-Jahren
- Politisierung aller Lebensbereiche in den 1970er- und 1980er-Jahren
- Wiedervereinigung in den 1990er-Jahren
- Auseinandersetzung mit den ökonomischen, gesellschaftlichen, kulturellen und politischen Folgen der Wiedervereinigung seit den 1990er-Jahren
- Ereignisse im Ausland, vor allem die Bürgerkriege im ehemaligen Jugoslawien und die islamistischen Terroranschläge, beeinflussen die deutsche Innenpolitik

Die 1950er-Jahre

In der Bundesrepublik waren die 1950er-Jahre bestimmt durch den **Wiederaufbau**, der sich, auch unterstützt durch massive amerikanische Finanzhilfen („Marshallplan"), bald zum sogenannten „Wirtschaftswunder" entwickelte. Am Ende der 1950er-Jahre waren der Wiederaufbau und die **politische Westintegration der Bundesrepublik** (Nato-Beitritt 1955, EWG-Vertrag 1957) abgeschlossen. Die einseitige Ausrichtung auf wirtschaftlichen Erfolg und das nach den Kriegsjahren durchaus verständliche Nachholen von Konsumbedürfnissen zeigten in der sogenannten „Adenauer-Ära" ihre Schattenseiten beispielsweise in der einseitigen Orientierung an materiellen Wünschen und in der Verdrängung der NS-Vergangenheit: Schon kurz nach Kriegsende forderten erste Stimmen, „endlich" einen „Schlussstrich" unter die deutsche Vergangenheit zu ziehen; viele ehemalige Nazis und Parteimitglieder konnten in der Bundesrepublik in Wirtschaft, Justiz und Politik Karriere machen. Nicht zuletzt an diesem Desinteresse an einer Aufarbeitung während der Adenauer-Ära entzündeten sich die Studentenproteste Ende der 1960er-Jahre.

Die 1960er- und 1970er-Jahre

Juli Zehs Geburtsjahr 1974 fällt mitten in eine Ära, in der die Auswirkungen der Studentenproteste durch eine Politisierung aller Lebensbereiche spürbar wurden: Von 1966 an regierte die SPD die Bundesrepublik, zunächst in einer großen Koalition, ab 1969 dann in einer Koalition mit den Liberalen unter Bundeskanzler Willi Brandt bzw. Helmut Schmidt. Die SPD setzte mit ihrer innenpolitisch umstrittenen Ostpolitik auf Entspannung und Vertrauensbildung zwischen den Machtblöcken („Ostverträge" 1972). Gesellschaftlich waren die 1960er- und 1970er-Jahre **von heftigen Auseinandersetzungen, kulturellen Umbrüchen und Generationenkonflikten geprägt**: Eine marxistisch-maoistisch orientierte „Außerparlamentarische Opposition" (APO) richtete sich gegen die Politik der Großen Koalition (z. B. 1968 gegen die „Notstandsverfassung"), gegen den Krieg der USA in Vietnam sowie grundsätzlich gegen die Werte einer bürgerlichen Gesellschaft („Studentenrevolte", Auseinandersetzung mit der verdrängten NS-Vergangenheit der Eltern-Generation). In den 1970er-Jahren mündeten militante Ausläufer der Protestbewegung in den Terrorismus der RAF („Rote Armee Fraktion"), in deren Verlauf zahlreiche Straftaten (darunter über 30 Morde) begangen wurden.

Die DDR, die sich seit 1961 durch den „Mauerbau" vor dem Westen abgeschottet hatte, reagierte in den 1970er-Jahren auf die lauter werdende Kritik ihrer Intellektuellen an der herrschenden Bevormundung und den Entwicklungen im real existierenden Sozialismus mit der Bespitzelung durch die Staatssicherheit und einem Heer „inoffizieller Mitarbeiter", der Verhängung von Berufsverboten, mit Inhaftierung sowie mit Ausbürgerungen und Abschiebungen. Prominente DDR-„Dissidenten" waren Jürgen Fuchs, Wolf Biermann, Rudolf Bahro, Erich Loest, Hans Mayer und Bettina Wegener.

2.2 Zeitgeschichtlicher Hintergrund

Die 1980er-Jahre

Die 1980er-Jahre waren in der Bundesrepublik gekennzeichnet durch den **Regierungswechsel** von der sozial-liberalen zur christlich-liberalen Koalition von CDU und FDP unter Führung von Bundeskanzler Helmut Kohl. Die Opposition gegen den sogenannten „Nato-Doppelbeschluss" 1979 (Erweiterung der nuklearen Mittelstreckenwaffen in Westeuropa) und ein zunehmendes ökologisches Bewusstsein führten zur Gründung zahlreicher Bürgerinitiativen, Friedens- und Umweltschutzbewegungen sowie alternativer politischer Gruppierungen. Bei der Bundestagswahl 1983 zog erstmals die 1980 gegründete Partei „Die Grünen" in den Bundestag ein. Die **Neuausrichtung der sowjetischen Politik**, die der neue Parteichef Michail Gorbatschow mit den Schlagworten „Perestroika" (Umgestaltung, Umbau) und „Glasnost" (Transparenz, Offenheit) betrieb, führte zusammen mit dem gewaltlosen Widerstand der DDR-Bürger 1989 zur Öffnung der Grenze zwischen den beiden deutschen Staaten (9. 11. 1989) und im Jahr darauf zur offiziellen Wiedervereinigung (3. 10. 1990).

Die 1990er-Jahre

Die 1990er-Jahre wurden außenpolitisch bestimmt durch die Neudefinition der Rolle, die **das wiedervereinigte Deutschland** in Europa und der Welt spielen sollte (Beteiligung an Kampfeinsätzen der NATO, Diskussion über einen ständigen Sitz im UN-Sicherheitsrat). Insbesondere die rot-grüne Regierung unter Bundeskanzler Gerhard Schröder trug durch die Entscheidung für den ersten Kampfeinsatz deutscher Soldaten nach dem Zweiten Weltkrieg (Kosovo-Einsatz 1999) zu der **Neubestimmung der Rolle Deutschlands** bei. Diese Politik wurde von der seit 2005 regierenden Großen Koalition unter der Führung von Bundeskanzlerin Angela Merkel fortgesetzt. Innenpolitisch waren die Anstrengungen darauf gerichtet, die kulturelle und materielle Überwindung der Teilung und den Aufbau der neuen Bundesländer voranzutreiben.

2000–2016

Ein bedeutsames Thema zwischen 2000 und 2016 ergab sich sowohl außen- als auch innenpolitisch durch **den zunehmenden islamistischen Terror**, der durch den Anschlag auf das World

Trade Center in New York am 11. September 2001 einen weltweit beachteten Höhepunkt fand und sich durch den Aufstieg der Terrorgruppen „Al-Qaida“ und „Islamischer Staat“, der wiederum durch den Zerfall der politischen Strukturen in zahlreichen Ländern des Nahen Ostens begünstigt wurde, bis in die heutige Zeit fortsetzt. Die Attentate in Frankreich im Jahre 2015 und in Belgien 2016 zeigten, dass der Terror auch in der Mitte Europas angekommen war. Zur Abwehr solcher Angriffe verschärften vor allem die USA seit 2001 ihre Sicherheitsgesetze, auch in Deutschland wurde im Zuge von strengeren Sicherheitsüberlegungen entsprechende Maßnahmen wie die Einführung eines biometrischen Reisepasses im Jahre 2005 getroffen. Durch die **Enthüllungen Edward Snowdens**, eines ehemaligen Mitarbeiters eines amerikanischen Geheimdienstes, wurde im Jahr 2013 offenbar, dass zahlreiche Staaten, allen voran die USA und Großbritannien, die weltweite Internet- oder Telefon-Kommunikation überwachten. Die **Digitalisierung sämtlicher Lebensbereiche** wie beispielsweise die zunehmende Nutzung von Online-Shops und sozialen Netzwerken seit Mitte der 1990er-Jahre führte schließlich dazu, dass die Kontrolle privater Daten schwieriger wurde. Durch Maßnahmen wie den Ausbau der Video-Überwachung öffentlicher Bereiche sollte auf der einen Seite mehr Sicherheit gewährleistet werden, auf der anderen Seite erhöhten solche Maßnahmen das staatliche Kontrollpotential. Juli Zeh hat sich mit dieser Problematik in ihren Texten intensiv auseinandergesetzt.

Corona-Pandemie ab 2020

Als sich 2020 die Corona-Pandemie in Europa und auch in Deutschland verbreitete, rückte Juli Zehs Roman *Corpus Delicti – Ein Prozess* wieder in den Mittelpunkt des öffentlichen Interesses. Das *Erscheinen von Fragen zu ‚Corpus Delicti‘* befeuerte die Diskussion um Impfzwang und verfassungsrechtlich bedenklicher Corona-Maßnahmen. In Talkshows und Interviews legte Zeh mehrfach ihre Meinung zu Freiheit, Verfassung und Gesundheitsdiktatur dar.

2.3 Angaben und Erläuterungen zu wesentlichen Werken

Zusammenfassung

Juli Zeh veröffentlicht seit 1996 Erzählungen, Romane und Dramen, aber auch Kinderbücher, Sachbücher und Essays. Häufig beschäftigen sich ihre Texte mit zeitaktuellen und gesellschaftspolitischen Fragen. Darüber hinaus macht sie in Talkshows, Zeitungen und Protestbriefen auf ihre politische Position aufmerksam.

Werkübersicht

2001	*Adler und Engel* (Roman) *Do ut des* (Kurzgeschichte)
2002	*Die Stille ist ein Geräusch. Eine Fahrt durch Bosnien* (Reiseerzählung) *Der Hof* (Kurzgeschichte) *Die geschenkte Stunde* (Kurzgeschichte) *Recht auf Beitritt? Ansprüche von Kandidatenstaaten gegen die Europäische Union* (Sachbuch)
2003	*Feindliches Grün* (Kurzgeschichte) *Unter Freunden* (Kurzgeschichte)
2004	*Ein Hund läuft durch die Republik* (Anthologie, hrsg. v. Zeh u. a.) *Spieltrieb* (Roman)
2005	*Kleines Konversationslexikon für Haushunde*
2006	*Alles auf dem Rasen. Kein Roman* (Essays)
2007	*Schilf* (Roman) *Corpus Delicti* (Theaterstück)
2008	*Das Land der Menschen* (Kinderbuch)
2009	*Angriff auf die Freiheit. Sicherheitswahn, Überwachungsstaat und der Abbau bürgerlicher Rechte* (mit Ilija Trojanow) *Corpus Delicti. Ein Prozess* (Roman) *Der Kaktus* (Komödie)
2010	*Good Morning, Boys and Girls* (Theaterstück) *Das Mögliche und die Möglichkeiten. Rede an die Abiturienten des Jahrgangs 2010* (Essay)

2011	*Das Übergangsrecht. Zur Rechtsetzungstätigkeit von Übergangsverwaltungen am Beispiel von UNMIK im Kosovo und dem OHR in Bosnien-Herzegowina* (Dissertation) *Aufgedrängte Bereicherung*. Tübinger Poetik-Dozentur 2010 (mit Georg M. Oswald) *203* (Theaterstück/Uraufführung)
2012	*Yellow Line* (Theaterstück, mit Charlotte Roos) *Nullzeit* (Roman) *Die Diktatur der Demokraten – Warum ohne Recht kein Staat zu machen ist* (Sachbuch)
2013	*Feldmann und Lammer* (Kinderbuch) *Treideln* (Frankfurter Poetikvorlesungen) *Was steht da zur Wahl? Über die Zukunft der Politik* (mit Hamed Abdel-Samad und Herfried Münkler) (Sachbuch)
2014	*Mutti* (Theaterstück, mit Charlotte Roos) *Nachts sind das Tiere* (Essays)
2015	*Jetzt bestimme ich, ich, ich!* (Kinderbuch) *Dein Erfolg* (unter Pseudonym Manfred Gortz; Sachbuch)
2016	*Unterleuten* (Roman)
2017	*Leere Herzen* (Roman)
2018	*Neujahr* (Roman)
2019	*Gebrauchsanweisung für Pferde* (Sachbuch)
2020	*Alle Jahre wieder* (Kinderbuch) *Fragen zu „Corpus Delicti": Wann wird der Begriff der »Gesundheitsdiktatur« von der Polemik zur Zustandsbeschreibung?* (Sachbuch)
2021	*Über Menschen* (Roman) *Socke und Sophie – Pferdesprache leicht gemacht* (Kinderbuch)

Daneben schreibt Juli Zeh zahlreiche Essays und Artikel für Zeitungen und Zeitschriften. Auf ihrer Verlags-Webseite www.julizeh.de finden sich Links zu vielen ihrer Essays.

Verlagsseite von Juli Zeh

2.3 Angaben und Erläuterungen zu wesentlichen Werken

Mit dem Roman *Unterleuten* gelang Juli Zeh 2016 ein Bestseller, der inzwischen auch als Mehrteiler verfilmt wurde. © picture alliance/dpa/dpa-Zentralbild | Soeren Stache

Preise und Auszeichnungen

1999	Preis für Essayistik der Humboldt Universität im Beitragswettbewerb „Recht und Wandel“
2000	Caroline-Schlegel-Preis für Essayistik
2002	Förderpreis zum Bremer Literaturpreis für *Adler und Engel*
	Deutscher Bücherpreis für das erfolgreichste Debüt mit *Adler und Engel*
	Rauriser Literaturpreis für *Adler und Engel*
2003	Ernst-Toller-Preis für *Adler und Engel*
	Förderpreis zum Friedrich-Hölderlin-Preis
2005	Per-Olov-Enquist-Preis
	Literaturpreis der Bonner LESE

2008	„Jürgen Bansemer & Ute Nyssen"-Dramatikerpreis für das Theaterstück *Corpus Delicti*
	Prix Cévennes du roman européen für *Spieltrieb*
2009	Carl-Amery-Literaturpreis
	Solothurner Literaturpreis
	Gerty-Spies-Literaturpreis
2013	Thomas-Mann-Preis
2014	Hoffmann-von-Fallersleben-Preis für zeitkritische Literatur
2015	Kulturgroschen des Deutschen Kulturrates
	Hildegard-von-Bingen-Preis für Publizistik
2017	Literaturpreis der Stahlstiftung Eisenhüttenstadt Samuel-Bogumil-Linde-Literaturpreis Bruno-Kreisky-Preis für das politische Buch
2018	Bundesverdienstkreuz am Bande
2019	Heinrich-Böll-Preis
	und andere

Erläuterungen zu einzelnen Werken

Adler und Engel (2001)	In ihrem Erstlingsroman, der von der Kritik überwiegend positiv aufgenommen wurde, geht es um die Spannung zwischen Recht und Gerechtigkeit. Juli Zeh erzählt die Geschichte des kokainabhängigen Juristen Max, der sich mit dem Verlust seiner Freundin Jessie auseinandersetzt, die sich während eines Telefonats das Leben nimmt. Gemeinsam mit der Radiomoderatorin und Psychologiestudentin Clara unternimmt er einen Versuch, das Geschehen zu rekonstruieren, und reist mit ihr nach Wien, wo Max als erfolgreicher Jurist gearbeitet hat, bis er Jessie wieder traf. Nach und nach wird deutlich, dass er und Jessie als Drogenkuriere tätig waren und wegen eines vermeintlichen Mordes aus Wien fliehen mussten. Die „Adler", die die beiden verfolgen, haben es auf einen Code abgesehen, der es ihnen ermöglicht, wichtige Informationen von einem PC abzurufen; Max händigt den Code aus.

2.3 Angaben und Erläuterungen zu wesentlichen Werken

Die Stille ist ein Geräusch. Eine Fahrt durch Bosnien (2002)	Sieben Jahre nach dem Ende des Bürgerkrieges bereist Juli Zeh gemeinsam mit ihrem Hund Bosnien. Dort sind die Spuren des kriegerischen Konflikts nach wie vor deutlich sichtbar. In diesem romanhaften Reisebericht erzählt sie von ihren Besuchen in Städten wie Jajce, Sarajewo, Mostar, Trebinje, Sanski Most, Tuzla, Srebrenica, Banja Luka und Bihac und von den Begegnungen mit Menschen und deren Geschichten.
Spieltrieb (2004)	Um Macht und Verführung dreht sich der Plot dieser Geschichte. Auch in diesem Adoleszenz- bzw. Schulroman spielen die Themen Recht, Gerechtigkeit und Moral wie in *Corpus Delicti* eine zentrale Rolle. Ein Ich-Erzähler, der sich schließlich als Richterin Sophie entpuppt, erzählt die Geschichte der 15-jährigen Ada, die zusammen mit dem drei Jahre älteren Mitschüler Alev den Lehrer Smutek mit kompromittierenden Videoaufnahmen erpresst. Smutek setzt sich zur Wehr und es kommt zu einem Prozess, in dem sich Ada auf die Seite Smuteks stellt, Alev wird als Drahtzieher der Erpressung zu einer sechsmonatigen Bewährungsstrafe verurteilt. Der Roman wurde 2006 von Bernhard Studlar in eine Bühnenfassung gebracht und erschien 2013 als Film (Regie: Gregor Schnitzler), der von der Deutschen Film- und Medienbewertung mit dem Prädikat „besonders wertvoll" ausgezeichnet wurde.
Kleines Konversationslexikon für Haushunde (2005)	Juli Zeh beschreibt in diesem Buch die Welt aus der Sicht von Othello, dem Hund einer Schriftstellerin. In Form eines Lexikons werden von „A" wie „Aas" bis „Z" wie „Zierpflanze" ausgewählte Begriffe erläutert, die im Verhältnis von Mensch und Hund eine Rolle spielen. Die Tier-Perspektive erlaubt dabei einen ironischen und zeitweise auch sarkastischen Blick auf menschliche Verhaltensweisen.
Alles auf dem Rasen. Kein Roman (2006)	In 30 Essays, die zuweilen einen starken narrativen Duktus aufweisen, behandelt Zeh die Themenbereiche Politik, Gesellschaft, Recht, Schreiben und Reisen. Sie unternimmt eine kritische Bestandsaufnahme der gesellschaftlichen Diskurse und bezieht dabei durchaus humorvoll Stellung zu den verhandelten Themen.

Schilf (2007)	In diesem Kriminalroman geht es um die Physiker Sebastian und Oskar, die sich während ihres Studiums anfreunden und später jeweils eigene Wege in die Familiengründung (Sebastian) bzw. in die Forschung (Oskar) gehen. Als der zehnjährige Sohn Sebastians entführt wird, erfüllt dieser die vermeintliche Forderung des Entführers und tötet den Mediziner Dabbeling, der auch ein Freund seiner Frau ist. Nach den Ermittlungen des Kommissars Schilf steckt Oskar hinter der Entführung, die Aufforderung zum Mord an dem Arzt entpuppt sich als Missverständnis. Mit der Aufforderung „Doublethink muss weg" wollte Oskar keine Mordauftrag erteilen, sondern zum einen sein stetes Missfallen an Sebastians präferierter physikalischer Viele-Welten-Theorie als auch seine Eifersucht auf die Liebe Sebastians zu seinem Sohn ausdrücken. Der von der Kritik überwiegend negativ bewertete Kriminalroman kam 2012 in einer von Claudia Lehmann inszenierten Filmversion in die Kinos.
Angriff auf die Freiheit. Sicherheitswahn, Überwachungsstaat und der Abbau bürgerlicher Rechte (mit Ilija Trojanow) (2009)	In elf Kapiteln und einem Epilog formulieren Zeh und Trojanow ihre Warnung vor einem ausufernden Überwachungsstaat, der seinen Kontrollwunsch mit erhöhter Sicherheit und Terrorgefahr begründet. Die Annehmlichkeiten der Digitalisierung und die Möglichkeiten sozialer Netzwerke führen dazu, dass immer mehr Daten über das Privatleben gesammelt werden, ohne dass die negativen Seiten der vollständigen Transparenz ausreichend berücksichtigt werden.
Nullzeit (2012)	Der Titel des Psychothrillers bezieht sich auf die so benannte Zeitspanne, die man in einer bestimmten Wassertiefe verbringen kann, ohne beim sofortigen Wiederaufstieg zur Oberfläche gesundheitlichen Schaden zu riskieren. Auf Lanzarote wollen die Schauspielerin Jola und der Schriftsteller Theo einen zweiwöchigen Tauchkurs in Svens Tauschule besuchen. Es entwickelt sich eine Dreiecksbeziehung, in deren Verlauf beide Männer beinahe zum Opfer der Intrige Jolas werden, die versucht, ihren Freund Theo zu ermorden und diesen Mord Sven anzulasten. Am Ende des Buches reisen Jola und Theo nach Deutschland zurück und Sven erzählt einer deutschen Staatsanwältin seine Erlebnisse.

2.3 Angaben und Erläuterungen zu wesentlichen Werken

Treideln. Frankfurter Poetikvorlesungen (2013)	Eingebettet in fiktive Briefe entfaltet Zeh ihr poetologisches Konzept und gibt zudem einen Einblick in ihre Schreibwerkstatt. Elemente des Konzepts sind u. a. die politische Mitsprache von Autoren und die Subjektivität von Wahrheit.
Unterleuten (2016)	Der fiktive Ort Unterleuten in Brandenburg ist der Schauplatz des Dorfromans, der sich wie Saša Stanišićs *Vor dem Fest* (ebenfalls angesiedelt im fiktiven Dorf Fürstenfelde in Brandenburg) durch eine narrative Multiperspektivität auszeichnet. Der geplante Bau eines Windparks ist der Anlass, der die unterschiedlichen Interessen der Dorfbewohner und die soziale Struktur der Dorfgemeinschaft offenbar werden lässt.
Neujahr (2018)	Henning, der Protagonist des Romans, macht mit seiner Familie Urlaub auf Lanzarote. Am Neujahrstag fährt er mit dem Rad nach Femés und gelangt dort zu einem Haus, das er zu kennen glaubt. In einer Rückblende erinnert er sich daran, als Kind gemeinsam mit seinen Eltern in dem Haus Urlaub gemacht zu haben – und schließlich an traumatische Erlebnisse.
Über Menschen (2021)	Der Roman ist in der Gegenwart angesiedelt: Die Berlinerin Dora flieht vor der Einengung durch die Corona-Pandemie und ihrem Partner aufs Land in das fiktive Dorf Bracken in Brandenburg. Dort trifft sie auf Menschen, die völlig gegensätzliche politische Ansichten vertreten. Sie erfährt eine von politischen Einstellungen losgelöste Humanität, die sich im sozialen Miteinander bewährt.

Theater

In Juli Zehs **dramatischen Werken** finden sich ebenfalls überwiegend zeitkritische Aspekte: In der Komödie *Der Kaktus* (2009) wird auf satirische Weise auf einen Staat aufmerksam gemacht, der die Bürgerrechte aus Sicherheitsgründen immer mehr einschränkt; in *Good Morning, Boys and Girls* (2010) geht es um Amokläufe an Schulen, und um das Thema Überwachung drehen sich die Komödien *203* (2011) und *Yellow Line* (2012). In *Mutti* (2014) schließlich geht es um die Bundeskanzlerin Angela Merkel.

Ihre Romane *Spieltrieb* (2004) und *Schilf* (2007) wurden 2006 bzw. 2007 ebenfalls für die Bühne adaptiert. Seit der Corona Pandemie hat auch *Corpus Delicti* aufgrund seiner zeitkritischen Aktualität den Weg zurück auf deutsche Bühnen gefunden:

> „Juli Zeh hat ihr Science-Fiction-Theaterstück *Corpus Delicti* zwar schon 2007 geschrieben, aber es wirkt wie das dystopische Stück der Stunde: Ein diktatorischer Staat zwingt seine Bürger per Komplettüberwachung zu absoluter Gesundheit – die Freiheit des Individuums gilt nichts mehr.“[1]

1 https://www.deutschestheater.de/programm/a-z/corpus_delicti

3 TEXTANALYSE UND -INTERPRETATION

3.1 Entstehung und Quellen

Zusammenfassung

Die Terroranschläge vom 11. September 2001 geben Juli Zeh den Anlass, sich mit den Themen Überwachungsstaat und Folter näher zu beschäftigen. Sie liest George Orwells *1984* und verfolgt die Berichte über Folter in Gefangenenlagern wie Guantanamo. *Corpus Delicti* wurde zunächst als Theaterstück für die Ruhrtriennale in Essen geschrieben (2007) und erschien später als Roman (2009). Auch eine Vertonung als *Schallnovelle* (2009) liegt vor. 2020 beantwortet Zeh in ihrer Buchveröffentlichung *Fragen zu „Corpus Delicti"* in einem fiktiven Interview Fragen und Emails ihrer Leser dazu.

Aus dem als Auftragswerk geschriebenen Theaterstück wird ein Roman

Der Roman entstand auf der Grundlage eines Theaterstücks, das die Autorin im Auftrag der Ruhrtriennale geschrieben hatte und welches am 15. September 2007 in Essen uraufgeführt wurde. Die Roman-Version wurde 2009 im Verlag Schöffling & Co. veröffentlicht. Außerdem entwickelte Zeh im Jahre 2009 zusammen mit der Ingolstädter Band *Slut* eine Hörversion von *Corpus Delicti*, eine *Schallnovelle*, in der die Kriminalhandlung um den vermeintlichen Mord von Moritz Holl deutlich reduziert wird zugunsten der Betonung des Gesundheits- und Überwachungsthemas. Zur Entstehung äußert sich Juli Zeh im fiktionalen Raum ihrer Frankfurter Poetikvorlesungen, die den Titel *Treideln* tragen, und in Interviews:

Interview mit Juli Zeh

2011 schildert sie in einem Interview mit der Studentenzeitschrift „Unique" ihre Reaktion auf die in der Folge der Terroranschläge vom 11. September 2001 beschlossenen Verschärfungen der Sicherheitsgesetze:

„Ich hatte in der Realität Dinge beobachtet, die mir gegen den Strich gingen. Das war nach *9/11*. Damals ging es los, dass ich bei den Reaktionen auf diesen Terroranschlag das Gefühl hatte, es werden Dinge gesagt und wir stehen an der Schwelle, Dinge zu entscheiden, von denen ich noch eine Woche zuvor dachte, sie würden niemals Realität. Danach habe ich mich aus Interesse zu diesem Thema *1984* zugewandt und zum ersten Mal gelesen."[2]

Terroranschläge vom 11. Sept. 2001

In George Orwells (1903–1950) im Jahre 1949 veröffentlichtem Science-Fiction-Roman *1984* geht es um ein staatliches System, das sämtliche Bürger aufs Genaueste überwacht und keinerlei Privatsphäre zulässt; die Hauptfigur Winston Smith versucht sich gegen das System aufzulehnen, scheitert aber und glaubt nach Folter und Gehirnwäsche im System selbst die Freiheit gefunden zu haben. Das Interesse Zehs an dem Thema Überwachungsstaat resultiert somit aus der konkreten Erfahrung mit der zunehmenden Kontrolle des Einzelnen unter der Maßgabe staatlicher Sicherheitsinteressen. Diese realen politischen Veränderungen bewirken, dass sich Zeh für literarische Texte interessiert, die solche Szenarien dystopisch schildern; sie findet in Georg Orwells *1984* auch ein eindrucksvolles Beispiel dafür, wie mit Verdächtigen umgegangen wird, die als Staatsfeinde interniert werden.

Beschäftigung mit Orwells Roman *1984*

Beispiele für Folter findet Zeh aber nicht nur in der Literatur, sondern auch in der Realität nach den Anschlägen von New York und in den Gefängnissen, in denen man mutmaßliche Verdächtige internierte:

„Ich fand es [Orwells *1984*] extrem hart, natürlich. Ich habe das Buch nicht in der Hoffnung gelesen, dass es mir die Welt erklärt. Was man darin beim Lesen erfährt, ist aber ein literarischer

Berichte über Folter in den Gefangenenlagern

2 Christoph Borgans und Michaela Meißner im Interview mit Juli Zeh in „Unique" vom 19. 05. 2011. https://www.unique-online.de/%E2%80%9Eich-bin-ein-groser-fan-der-freiheit%E2%80%9C/3340/

Schock. Wenn ich Berichte aus Guantanamo und Abu Ghuraib lese, wie Menschen tatsächlich gefoltert werden, auch heutzutage und nicht nur von Staaten, die wir ,Diktaturen' nennen, dann ist das ein anderer Schock. Eben kein literarischer, sondern einer, der sich auf reale Ereignisse bezieht, und der geht bei mir ziemlich tief. Vielleicht war es naiv zu glauben, wir und unsere Staaten hätten uns von solchen Praktiken losgesagt."[3]

Nach dieser durch reale Ereignisse ausgelösten ersten Beschäftigung mit den Themen Überwachungsstaat und Folter dauert es noch rund fünf Jahre, bis sich die Autorin dieser politischen Thematik in Form des Bühnenstückes *Corpus Delicti* annimmt, das 2007 zur Aufführung kommt.

In *Treideln* schreibt Juli Zeh in einer fiktiven E-Mail an einen Herrn Würmer, Redakteur einer Provinzzeitung, dass *Corpus Delicti* ihr einziger politischer Roman sei:

„Ich selbst habe mich in meinem Leben erst einmal an einen politischen Roman gewagt. Er heißt *Corpus Delicti* und war zunächst ein Theaterstück, was das Finden einer adäquaten Form erheblich erleichtert hat."[4]

In der Folge relativiert und konkretisiert sie ihre Aussage, indem sie der Literatur einen grundsätzlichen gesellschaftlichen Bezug zuerkennt, davon aber explizit „politische" Literatur abgrenzt, bei der der Autor ein bestimmtes politisches Ziel verfolge:

„Der Begriff ,gesellschaftlich relevant' ist in diesem Zusammenhang eine bloße Tautologie, denn gesellschaftlich relevant ist Literatur sowieso, völlig unabhängig von ihrem Inhalt. Echte

---

3 Ebd. (Weitere Auszüge aus diesem Interview kann man ab S. 123 im Materialienteil dieser Erläuterung nachlesen.) oder online unter: https://www.unique-online.de/%E2%80%9Eich-bin-ein-groser-fan-der-freiheit%E2%80%9C/3340/)

4 Zeh 2015, S. 133.

> politische Literatur liegt nur dann vor, wenn der Autor beim Schreiben ein konkretes politisches Ziel verfolgte."[5]

Politische Aussage des Romans

Nimmt man den Entstehungshintergrund und die zitierten Aussagen von Juli Zeh als Argumentationsgrundlage, so besteht die politische Aussage von *Corpus Delicti* in der Warnung vor einem Überwachungsstaat, der aus vorgeblich rationalen Gründen den Menschen die Freiheit nimmt. In einem weiteren Interview kommt dieses mahnende Anliegen der Autorin zum Ausdruck:

> „Es ist der Versuch, eine Tendenz aufzuzeigen und den Leuten Dinge klarzumachen, die sie vielleicht nicht immer so richtig auf dem Schirm haben. Weil sich die Politik von Tag zu Tag und damit langsam und schleichend entwickelt. Es ist sehr schwierig, wenn man selbst in einer bestimmten Zeit lebt, zu erkennen, was sich da gerade verändert. Im Rückblick sieht man das sehr genau und es werden dann immer Fragen gestellt: ‚Warum habt ihr das nicht gemerkt? Warum ist euch das nicht aufgefallen? Das muss euch doch klar gewesen sein!' Aber es ist eben schwer, das selbst für seine Zeit zu erkennen. So braucht es bewährte Techniken und Mittel, um zu versuchen, Distanz zu schaffen und einen kritischen Blick darauf zu ermöglichen. Darum geht es mir in *Corpus Delicti*, es ist eigentlich ein genuin aufklärerischer Text."[6]

Biografische Bezüge

Neben der persönlichen Auseinandersetzung mit dem Thema Überwachung, über die Juli Zeh nach den Attentaten von New York (s.o.) berichtet, finden sich in *Corpus Delicti* vor allem Bezüge zur juristischen Ausbildung der Autorin, da mehrere Szenen vor Gericht spielen und juristische Fachtermini verwendet werden.

---

5 Ebd.

6 Klaas Tigchelaar im Interview mit Juli Zeh in „Planet Interview" vom 23. 01. 2010. https://www.planet-interview.de/interviews/juli-zeh/35114/

Mit ihrer Buchveröffentlichung *Fragen zu „Corpus Delicti": Wann wird der Begriff der »Gesundheitsdiktatur« von der Polemik zur Zustandsbeschreibung?* aus dem Jahr 2020 nimmt Zeh Stellung zu einigen gesellschaftlichen und politischen Fragen der Zeit. Zufällig erscheint das Buch während der Corona-Pandemie und gibt so auch einige Antworten auf drängende Pandemie- und Gesundheitsfragen der aktuellen Zeit. In einem fiktiven Interview beantwortet Zeh hier Fragen zu Freiheit, Gesellschaft und Politik vor dem Hintergrund von *Corpus Delicti* und gibt auch u.a. Einblick in die Entstehungsgeschichte des Romans.

3.2 Inhaltsangabe

Zusammenfassung

Der Roman spielt in der Mitte des 21. Jahrhunderts in einem Überwachungsstaat, der das Ziel verfolgt, seinen Bürgern ein gesundes und langes Leben zu ermöglichen. Zur Erreichung des Ziels kontrolliert der Staat die Lebensführung jedes Einzelnen, eine ungesunde Lebensweise wird bestraft. Die Protagonistin des Romans ist die 34-jährige Biologin Mia Holl, die den Tod ihres Bruders aufklären will und sich dabei von einer Befürworterin zu einer Gegnerin des staatlichen Systems entwickelt. Ihr Bruder Moritz Holl soll eine Frau vergewaltigt und getötet haben, da man seine DNA-Spuren im Körper der Leiche entdeckt; er nimmt sich im Gefängnis das Leben, als er begreift, dass man seinen Unschuldsbeteuerungen keinen Glauben schenken will. Schließlich beweist der Anwalt Mia Holls, dass der Spender des Knochenmarks, das ihrem Bruder als Kind das Leben rettete, der Täter sein muss. Damit wird die Fehlbarkeit des staatlichen Systems aufgedeckt. Um sie nicht zur Märtyrerin zu machen, verzichtet der Staat auf eine Bestrafung Mias und ordnet stattdessen eine Psychotherapie an.

***Das Vorwort* (S. 7 f.)**

Das Vorwort besteht aus dem Zitat aus einem fiktiven Sachbuch der Romanfigur Heinrich Kramer, in dem er eine Definition von „Gesundheit“ formuliert. In der Definition wird die zentrale Bedeutung von Gesundheit für den Einzelnen wie für das Staatswesen hervorgehoben, Gesundheit wird als Leitziel aller individuellen wie staatlichen Bemühungen beschrieben.

***Das Urteil* (S. 9 f.)**

Der zweite Abschnitt besteht aus einem ebenfalls fiktiven Urteil, das die Strafkammer eines Gerichtes über Mia Holl verkündet und in dem sie wegen staatsgefährdender Aktivitäten zum Einfrieren auf unbestimmte Zeit verurteilt wird.

Mitten am Tag, in der Mitte des Jahrhunderts (S. 11–19)

Der dritte Abschnitt beginnt mit der Beschreibung einer Landschaft, die frei ist von umweltschädigenden Stoffen; es gibt weder Verbrennungsmotoren noch giftige Industrieabgase: Deutschland ist keimfrei. Dann wird die Verhandlung in einem Amtsgericht beschrieben: Richterin Sophie bespricht zusammen mit Bell, dem „Vertreter des öffentlichen Interesses", und Rosentreter, dem „Vertreter des privaten Interesses", Delikte, die eine Gesundheitsschädigung zur Folge haben, später kommt noch Heinrich Kramer, der Vertreter der Presse und damit „das Auge der vierten Gewalt", hinzu. Eine Angeklagte wird wegen zu hoher Koffeinwerte im Blut schriftlich verwarnt, ein alleinerziehender Vater, der den Untersuchungspflichten für sein Kind nicht nachgekommen ist, wird zu einem zweijährigen offenen Maßregelvollzug verurteilt und verliert zudem die Gesundheitssorge für seine Tochter. Als dritter Fall wird Mia Holl verhandelt, sie hat gegen die Pflicht verstoßen, regelmäßig über ihren Schlaf und ihre Ernährung zu berichten, außerdem hat sie weder den Urintest noch die Werte der Blutdruckmessung eingereicht. Da Mia Holl ansonsten eine „Idealbiographie" (S. 19) hat, lädt die Richterin sie nur zu einem Klärungsgespräch ein und verzichtet auf eine Verwarnung.

Vor Gericht wird Mia Holls Fall wegen „Vernachlässigung der Meldepflichten" verhandelt

Pfeffer (S. 20–24)

Dieser Abschnitt erhält seinen Titel durch die von Lizzie den anderen beiden Mitbewohnerinnen des „Wächterhauses" (die Pollsche und Driss) erzählte Geschichte, in der sie von einem Niesen ihrer Tochter berichtet, das aber nicht von einem befürchteten Infekt herrührt, sondern von einer Tüte Pfeffer, an der das Kind riecht. In einem „Wächterhaus" übernehmen die Bewohner selbst die gesetzlich vorgeschriebene hygienische Prophylaxe und erhalten dafür, dass der Staat an dieser Stelle der Gesundheitsvorsorge spart, Rabatte auf Strom und Gas.

Heinrich Kramer tritt zu den drei Hausbewohnerinnen und erkundigt sich danach, in welcher Wohnung Mia Holl lebt. Da man Mia seit einiger Zeit nicht mehr öffentlich gesehen hat, geht die Pollsche davon aus, dass sie einen Partner sucht (vgl. S. 24).

***Die ideale Geliebte* (S. 25–28)**

Mia Holl tritt erstmals selbst auf, nachdem sie in den vorherigen Abschnitten indirekt eingeführt worden ist. Sie spricht mit ihrer fiktiven „idealen Geliebten" über erkenntnistheoretische und anthropologische Fragen. Im Kern geht es um das Thema Liebe. Mia Holl vermisst ihren verstorbenen Bruder und wirft ihm in ihrem Gespräch mit der idealen Geliebten vor, aus egoistischen Motiven aus dem Leben geschieden zu sein („Das Leben ist ein Angebot, das man auch ablehnen kann", S. 28). Moritz habe ihr zwar vorgeworfen, keine Vorstellung von der Bedeutung von „Liebe" zu haben, sein Suizid aber wirft bei ihr die Frage auf, wie groß seine Liebe zu ihr gewesen ist.

***Eine hübsche Geste* (S. 29–32)**

Heinrich Kramer besucht Mia Holl in ihrer Wohnung

Heinrich Kramer und Mia Holl stehen sich auf der Türschwelle ihrer Wohnung gegenüber; da Mia Holl ihn für den Mörder ihres Bruders hält, hegt sie einen tiefen Hass gegen den Mann und hat ihm schon oft den Tod gewünscht (vgl. S. 29). Heinrich Kramer weist die Anschuldigung zurück und erinnert daran, dass jemand die Angelschnur ins Gefängnis geschmuggelt haben müsse, mit der sich Moritz schließlich erhängt hat (vgl. S. 31, dass es Mia war, erfahren wir erst auf S. 46). Mia entgegnet, dass es gerade sein medialer Druck gewesen sei („Schwadron aus dreckigen Kläffern", S. 31), der über die öffentliche zur juristischen Verurteilung geführt habe. Kramer verweist auf den Unterschied von Kausalität und Schuld und spielt damit darauf an, dass die Schuld von Moritz eindeutig nachgewiesen worden sei.

***Genetischer Fingerabdruck* (S. 33–35)**

Der Kriminalfall, der in dem vergangenen Abschnitt angedeutet worden ist, wird nun beschrieben: Moritz Holl wird der Vergewaltigung und des Mordes bezichtigt, da man sein Sperma bzw. Spuren seiner DNA bei der getöteten Frau findet. Da Moritz trotz dieses eindeutigen Beweises an der Leugnung seiner Schuld festhält, wird er Gegenstand eines intensiven öffentlichen Diskurses.

Keine verstiegenen Ideologien **(S. 36–43)**

Heinrich Kramer erläutert die Unfehlbarkeit der „METHODE“

Heinrich Kramer formuliert die staatstragende Idee: „Wir haben eine METHODE entwickelt, die darauf abzielt, jedem Einzelnen ein möglichst langes, störungsfreies, das heißt, gesundes und glückliches Leben zu garantieren. Frei von Schmerz und Leid“ (S. 36). Das Grundprinzip der „METHODE“ besteht darin, das Leben des Einzelnen aufs Genaueste zu überwachen. Die „METHODE“ sei unfehlbar, sagt Kramer, daher habe jeder gesund denkende Mensch sich ihr unterzuordnen: „Unfehlbarkeit verlangt Konsequenz, auf die uns der gesunde Menschenverstand verpflichtet“ (S. 37). Der DNA-Nachweis ist ein unfehlbarer Teil des Systems und müsse daher akzeptiert werden. Dies akzeptiert im Grunde auch Mia Holl; gleichzeitig verweist sie auf das Gefühl als Erkenntnisinstrument: Die Liebe zu ihrem Bruder gebe ihr die Gewissheit, dass er unschuldig sei.

Mia Holl ist im Zwiespalt mit sich selbst

Mia Holl befindet sich in einer Situation, aus der es keinen befriedigenden Ausweg gibt: Folgt sie der Liebe zu ihrem Bruder, stellt sie unwiderlegbare naturwissenschaftliche Erkenntnisse in Frage; folgt sie diesen Erkenntnissen, handelt sie gegen ihre emotionale Überzeugung (vgl. S. 39). Heinrich Kramer versucht sie zu ermuntern, diese schwierige Lebenssituation, in der sie um ihren Bruder trauert, bald zu überwinden und sich dann wieder dem zuzuwenden, was sie zuvor getan hat. Er möchte sie für die Zeitschrift „GESUNDER MENSCHENVERSTAND“ porträtieren, da er sie für ein geeignetes Beispiel für einen Menschen hält, der „Krisen und Zweifel“ durchleidet, „um danach nur noch fester zur gemeinsamen Sache zu stehen“ (S. 42).

***Durch Plexiglas* (S. 44–46)**

Rückblende: Mia und ihr Bruder Moritz

Der Abschnitt präsentiert eine Analepse (Rückblende) und greift narrative Aspekte („imaginäre Geliebte", „Angelschnur") auf, die in vorherigen Abschnitten bereits eingeführt worden sind: Vier Wochen vor dem Gespräch mit Heinrich Kramer besucht Mia ihren Bruder, der seit einem halben Jahr im Gefängnis ist (vgl. S. 44). Er beschenkt sie mit der idealen Geliebten, die die imaginäre Verbindung zwischen den Geschwistern herstellen soll, und erhält als Gegenleistung eine durchsichtige Schnur, die Mia durch eines der Löcher der Plexiglasscheibe fädelt. Moritz Holl verabschiedet sich mit dem ebenfalls bereits in einem vorhergehenden Abschnitt zitierten Satz, dass man das Leben auch als ablehnbares Angebot begreifen könne (vgl. S. 46).

***Eine besondere Begabung zum Schmerz* (S. 47 f.)**

In diesem Abschnitt wird der Trauerzustand Mias beschrieben, in dem sie sich nach dem Tod ihres Bruders wiederfindet. Es gelingt ihr nicht mehr, ihren täglichen Verpflichtungen nachzukommen, selbst das Reinigen der Wohnung schafft sie nicht mehr. Als einen Grund dafür gibt sie an, dass sie ihre Persönlichkeit verloren hat und ihr Ich nicht mehr wiederfindet (vgl. S. 48). Gleichzeitig verteidigt sie Kramers vernünftige Position gegen die Meinung der idealen Geliebten, die ihn für einen „*geschickte(n)* Fanatiker" (S. 48) hält.

***Bohnendose* (S. 49 f.)**

Mia Holl wird zwangsweise einem Amtsarzt vorgestellt, der keine körperlichen Auffälligkeiten feststellen kann. Als der Amtsarzt ihren Körper mit einem Scanner abtastet, wird der Vergleich mit einer Bohnendose formuliert, die im Supermarkt über das Kassenband läuft.

Saftpresse (S. 51–54)

Mia Holl wird zu einer richterlichen Anhörung vorgeladen

Da Mia Holl der Einladung zum Klärungsgespräch keine Folge geleistet hat, wird sie nun zu einer Anhörung vorgeladen. Die Richterin Sophie findet Mia sympathisch, zeigt Verständnis für deren Trauerphase und bietet ihr staatliche Hilfe (Kur, medizinischer Betreuer) zur Bewältigung der Phase an. Mia erinnert sich daran, dass Sophie eine der beteiligten Juristen beim Prozess gegen ihren Bruder war. Die Richterin stellt fest, dass Mia zwar physisch gesund ist, dass sie psychisch aber einem großen Leidensdruck ausgesetzt ist. Mia verweigert die Annahme von Hilfsangeboten, da sie ihre Trauer für eine Privatangelegenheit hält (vgl. S. 54).

Nicht dafür gemacht, verstanden zu werden (S. 55 f.)

Der Erzähler beschreibt in diesem Abschnitt die widersprüchliche Situation Mias mit dem fiktiven Bild einer autoaggressiven Frau, die ihrer Trauer und ihrer Wut einen Ausdruck verleiht, indem sie laut Musik hört, mit bloßen Fäusten eine Fensterscheibe zertrümmert und mit blutenden Händen darum bittet, die Last von ihr zu nehmen. Widersprüchlich ist die Situation, weil Mia diese Aktionen nicht durchführt, sondern schlaflos im Bett liegen bleibt: „Wenn wir uns nun noch vorstellen, dass Mia sich in dieser und in allen ähnlichen Nächten eben *nicht* von der Decke frei strampelt, *nicht* aufsteht und ans Fenster tritt, kein Glas zerschlägt, sondern einfach liegen bleibt, schlaflos in der Haltung einer Schlafenden – dann wissen wir in etwa, was sie durchmacht" (S. 56).

Privatangelegenheit (S. 57–59)

In der gerichtlichen Anhörung bestätigt Mia, dass sich ihre Haltung nicht gegen die „METHODE" richte, da sie als Naturwissenschaftlerin weiß, dass sich das System dem individuellen und dem allgemeinen Wohl verpflichtet weiß. Sie gesteht zu, dass sie im Moment eine schwierige Phase durchlebe, die aber nicht mit „Querulantentum" (S. 59) verwechselt werden solle.

Das Angebot einer Hilfsmaßnahme schlägt sie aus, sie wolle nur in Ruhe gelassen werden. Richterin Sophie ist zu diesem Gefallen aber nur unter der Bedingung bereit, dass Mia sich zukünftig nichts mehr zuschulden kommen lässt.

***Fell und Hörner, erster Teil* (S. 60–63)**

Rückblende: Mia und Moritz

In einem Rückblick wird ein Treffen der beiden Geschwister an einem Ort, den sie „unsere Kathedrale" (S. 60) nennen, beschrieben. Sie reden über die Partnerinnen von Moritz, die ihm jeweils von der Zentralen Partnervermittlung nach immunologischen Kriterien vorgeschlagen werden. Moritz artikuliert seine Sehnsucht nach einem natürlichen Leben ohne die regulierenden Vorgaben der „METHODE"; am Ende der Szene bittet er Mia um Feuer für seine Zigarette.

***Rauch* (S. 64 f.)**

In Erinnerung an Moritz zündet sich Mia in ihrer Wohnung im Beisein der idealen Geliebten eine Zigarette an. Der Rauch wird von Driss bemerkt, die vor Mias Wohnungstür sitzt, weil sie sie bewundert und in ihrer Nähe sein möchte. Sie glaubt, dass der Rauch von einer Feuerquelle kommt, die eine Gefahr darstellt; daher schlägt sie Alarm.

***Keine Güteverhandlung* (S. 66–69)**

Strafverfahren gegen Mia Holl

Zwei Tage nach der Anhörung muss sich Mia Holl wegen des Rauchens einer Zigarette einem Strafverfahren unterziehen. Die Richterin ist ungehalten über den Bruch des gegebenen Versprechens, sich nichts mehr zuschulden kommen zu lassen. Mia rechtfertigt ihren „Missbrauch toxischer Substanzen" (S. 67) damit, dass ihr das Rauchen das Gefühl gebe, ihrem verstorbenen Bruder nahe zu sein. Da die Richterin den Eindruck hat, dass Mia nicht ganz zurechnungsfähig ist, setzt sie das Verfahren zunächst aus und verurteilt Mia zu einer Geldstrafe; außerdem bestellt sie ihr einen Pflichtverteidiger, der sich als Rosentreter vorstellt.

Ein netter Junge (S. 70–76)

Mias Pflichtverteidiger Rosentreter möchte das Urteil anfechten

Rosentreter stellt sich vor und bittet Mia um ihre Unterschrift unter die Anwaltsvollmacht und die Anfechtung des Urteils. Er teilt ihr mit, ihren Bruder gekannt zu haben, da dieser auf der Beobachtungsliste des Methodenschutzes gestanden habe. Auch ihr Fall habe eine methodenrechtliche Wendung genommen, daher habe die Richterin die Verhandlung unterbrochen (vgl. S. 73). Seine Empfehlung, die Verurteilung zu einer Geldstrafe anzufechten, überzeugt Mia nicht, da sie die begangene Ordnungswidrigkeit einsieht und sich nicht als Feindin der „METHODE" begreift. Rosentreter gibt zu bedenken, dass die Verfahren vor Gericht nach eigenen Spielregeln ablaufen und dass man mitspielen müsse, auch wenn man diese Regeln nicht verstehe. Rosentreter führt als Anfechtungsgrund die schwierige Lebenssituation an, in der sich Mia nach dem Tod des Bruders befindet. Mia unterschreibt die Papiere und fordert ihren Anwalt nachdrücklich auf, alles zu tun, damit sie Zeit zum Nachdenken bekommt.

Wächter (S. 77 f.)

Auf dem Weg in ihre Wohnung trifft Mia ihre Mitbewohnerinnen: Driss entschuldigt sich für die Schwierigkeiten, die Mia in der Folge des Brandalarms entstanden sind. Die Pollsche und Lizzie bieten ihre Hilfe an, machen aber gleichzeitig deutlich, dass sie den Status des „Wächterhauses" nicht verlieren wollen und dass sich auch Mia den geltenden Gesundheitsregeln unterwerfen müsse (vgl. S. 78).

In der Kommandozentrale (S. 79–82)

Mia versucht, wieder nach den Regeln der „METHODE" zu leben

Nach dem Gespräch mit Rosentreter ist Mia optimistisch, dass sie die Phase der Trauer und des Zweifels überwinden kann, sie kauft ein, putzt die Wohnung und treibt Sport. Sie will lernen, während des Alltags an Moritz zu denken und nicht den Alltag den Gedanken zu opfern. Die ideale Geliebte ist skeptisch, dass Mias Anstrengungen ausreichen, um den tiefen Zweifel an der

„METHODE" zu beseitigen und in den Alltag zurückzukehren: „Dieser Riss liegt tiefer, Mia. Er ist nicht einmal dein persönliches Problem. Er entstand an dem Tag, als dieses Land auf die Idee kam, sich den Luxus von individuellen Krankheitsgeschichten nicht mehr leisten zu können. Was dich von innen vergiftet, ist die faule Stelle in der Mitte des Systems" (S. 81). Die ideale Geliebte weist außerdem darauf hin, dass die Verurteilung von Moritz entweder richtig oder falsch gewesen sei, Mia müsse zu dieser Frage eine eindeutige Position entwickeln.

Recht auf Krankheit (S. 83–89)

In Würmers Talkshow „WAS ALLE DENKEN" spricht Heinrich Kramer indirekt über Mia als Feindin der „METHODE"

Mia verfolgt eine Fernsehsendung, in der Heinrich Kramer von einem Moderator namens Würmer interviewt wird. Es geht um die Widerstandsgruppe R.A.K. („Recht auf Krankheit"). Kramer beschreibt die Überzeugung der Widerstandsgruppe, die Krankheit als eine Form der Freiheit bezeichnet; er führt diese Überzeugung auf Unwissenheit zurück, da die meisten der Anhänger dieser Bewegung Krankheit nur noch als historisches Phänomen kennen, weil sie nach der Einführung der „METHODE" geboren worden seien.

Kramer erläutert am Beispiel einer fiktiven 34-jährigen Frau, wie ein Mensch aus einer momentanen persönlichen Notlage heraus in das Lager der Methodenfeinde gerät; Schuld daran trägt die mangelnde Einsicht in die Banalität der Konfliktsituation und deren Erhebung zum Grundsatzproblem. Der Staat werde diesen Feinden der „METHODE", die nichts mehr verlangten als eine Rückkehr zu „Chaos, Krankheit, Verunsicherung" (S. 89), konsequent mit Krieg begegnen. Die ideale Geliebte weist Mia darauf hin, dass Kramer Mia damit meint, ohne dass er ihren Namen nennt.

Das Ende vom Fisch (S. 90–97)

Rückblende: Mia und Moritz

Die vierte Analepse spielt erneut in der „Kathedrale" und findet rund sechs Monate vor der Erzählgegenwart statt, an dem Tag, an dem Moritz Sibylle treffen soll. Der Zutritt zu dem Bereich, den die Geschwister „Kathedrale" nennen, ist aus hygieneschutzrechtlichen Gründen untersagt, sie überschreiten dennoch wöchentlich dieses Grenze und riskieren damit eine Ordnungswidrigkeit. Während Moritz angelt, sonnt sich Mia – das sind beides Tätigkeiten, die als Verstöße gegen geltende Gesetze gewertet werden können. Sie sprechen über Liebe. Moritz spricht sich gegen die Auffassung aus, dass Sexualität nur der Fortpflanzung zu dienen habe: „Der Mensch muss sein Dasein *erfahren*. Im Schmerz. Im Rausch. Im Scheitern. Im Höhenflug. Im Gefühl der vollständigen Machtfülle über die eigene Existenz. Über das eigene Leben und den eigenen Tod" (S. 92). Mia weist ihn darauf hin, dass seine Position im Grunde ein Ausdruck seines Selbsthasses sei, und da er ihn sich nicht eingestehen wolle, richte er ihn auf das politische System (vgl. S. 94). Moritz begründet seine Position mit der Todeserfahrung, die er als Kind machen musste. Damals sei ihm der Wert des menschlichen Lebens bewusst geworden, eines Lebens, zu dem der Tod zwangsläufig dazugehört. Die Positionen der beiden Geschwister lassen sich in dem folgenden Dialog wiederfinden, den Mia mit dem Satz beginnt: „Um frei denken zu können, muss sich der Mensch vom Tod abwenden. Er muss sich dem Leben verpflichten" (S. 94). Moritz entgegnet darauf: „Um frei zu sein, darf man den Tod nicht als Gegenteil des Lebens begreifen" (ebd.).

Moritz geht es um das Erleben von Authentizität, die er als unabdingbar für die Erfahrung eines intensiven Lebens betrachtet; Mia dagegen hält es aus rationalen Gründen für geboten, gesund zu leben – die beiden Positionen lassen sich als eine idealistische und eine rationalistische beschreiben.

Am Ende des Gesprächs erzählt Moritz von seinem Plan, Sibylle am selben Abend zu treffen; er scheint in ihr einen Gesprächspartner gefunden zu haben, der seine Ansichten teilt (vgl. S. 96).

Der Hammer (S. 98–104)

Zweiter Strafprozess gegen Mia Holl

Nach dem Rückblick wird die Erzählung in der Gegenwart der ersten Analepse fortgesetzt: Mia muss sich einem zweiten Strafprozess stellen und erlebt eine Richterin Sophie, die enttäuscht ist vom Verhalten der Angeklagten, die ihr Entgegenkommen offenkundig nicht würdigen will. Sie hält Mia nun für „renitent" (S. 99), möglicherweise habe sie – so erwägt die Richterin – einen schlechten Charakter oder eine psychische Krankheit (vgl. S. 98 f.). Da Mia auf Anraten ihres Anwaltes das milde Bußgeld angefochten hat, das sie wegen der Vernachlässigung der Meldepflicht hätte bezahlen sollen, verhängt Sophie nun eine sehr viel höhere Strafzahlung. Damit unterstreicht sie, wie sie der Angeklagten im letzten Prozess entgegengekommen ist. Der Einwand Mias, dass sie wieder ein gesetzeskonformes Leben führe, interessiert die Richterin nicht mehr, da sie glaubt, es handle sich erneut um ein taktisches Manöver Mias.

Das Rauchen der Zigarette wird als „Missbrauch toxischer Substanzen" (S. 100) gewertet. Der von Mia auf Anraten des Verteidigers gestellte Härtefallantrag erzürnt die Richterin, da er bedeutet, dass Mia Zweifel daran hat, dass das Gericht ihrer persönlichen Lage angemessen Rechnung trägt. Sophie klärt Mia darüber auf, dass Härtefallanträge den Opfern schwerer Justizirrtümer vorbehalten sind, und sie verurteilt Mia wegen des Rauchens einer Zigarette zu einer zweijährigen Gefängnisstrafe auf Bewährung. Außerdem wird der Methodenschutz eingeschaltet (vgl. S. 104).

Mia ist überrascht über die Wendung des Verfahrens und versucht vergeblich, sich auf den Rat ihres Verteidigers zu berufen, der diese Wendung verursacht hat.

Which side are you on (S. 105–111)

Mia ist schockiert über den Prozessverlauf, Rosentreter fährt sie in ihre Wohnung. Nach der Einnahme von Beruhigungstabletten stellt sie Rosentreter zur Rede und fragt ihn, weshalb er eine

Prozesstaktik verfolge, die eindeutig zu ihrem Schaden sei. Rosentreter streitet nicht ab, dass seine Taktik zum Schaden Mias gewesen sei, und er gibt ihr die Empfehlung, dafür zu sorgen, dass ihm die Zulassung entzogen wird. In seiner Einlassung wird vor allem deutlich, dass es ihm nur in zweiter Linie um Mias Schicksal geht; Mia erkennt, dass er einen „Feldzug" (S. 110) gegen die „METHODE" plane und dass sie nur ein Mittel für diesen Zweck darstellt. Mia will den Grund dafür erfahren, weshalb Rosentreter gegen das staatliche System kämpft.

Unzulässig (S. 112–115)

Rosentreter möchte Moritz' Fall erneut untersuchen, um die Fehlbarkeit der „METHODE" zu beweisen

Rosentreter offenbart Mia, dass er im Geheimen eine Frau liebe, die aufgrund immunologischer Gründe nicht zu ihm passt und mit der er deswegen keine offizielle Partnerschaft führen darf; unzulässige Liebe wird von der „METHODE" als Kapitalverbrechen geahndet (vgl. S. 113). Mia weist darauf hin, dass es schon immer aus den verschiedensten Gründen unmögliche Liebesbeziehungen gegeben habe und dass dies kein Grund sei, den Kampf gegen ein System zu beginnen. Rosentreter solle seine Liebesbeziehung im Verborgenen pflegen. Rosentreter wirft ihr vor, vor lauter Rationalität keine Ahnung von Lebensglück zu haben. Als Mia ihm zur Antwort ein Bild von Moritz zeigt, wird klar, wer von beiden ein größeres Unglück erlitten hat. Rosentreter erklärt sich bereit, Moritz' Fall nochmals zu untersuchen; sein größter Wunsch ist es, die Fehlbarkeit der „METHODE" zu beweisen: „Ich warte seit Jahren auf eine Gelegenheit, der METHODE ein Bein zu stellen" (S. 115).

Schnecken (S. 116–125)

Mia berichtet Rosentreter und Kramer von Moritz' Leukämieerkrankung, von der beide nichts wussten

Während Rosentreter noch in Mias Wohnung ist, kommt Heinrich Kramer hinzu. Rosentreter befürchtet, dass Kramer das vorherige Gespräch belauscht haben könnte. Er hat Angst vor dem Pressevertreter (vgl. S. 117). Kramer scheint über die Gesprächsinhalte Bescheid zu wissen, denn er vermutet sogleich, dass beide über

Moritz Holl gesprochen haben, und er gibt beschwichtigend-ironisch zu bedenken, dass Moritz Holl nicht gefoltert worden sei, was eine Anspielung auf ein Thema ist, das Rosentreter zuvor im Gespräch mit Mia behandelt hat (vgl. S. 106 f.). Kramer fordert Mia auf, von ihrem Bruder zu erzählen. Als Rosentreter das verhindern will, konfrontiert Kramer ihn mit seiner These, dass der Anwalt den Fall „Moritz Holl" nutzen will, um sein eigenes Ansehen zu steigern. Mia schildert die Liebe zur Natur, die Moritz seit seiner Kindheit gezeigt habe. Als Kind habe er Schnecken in seinem Zimmer gehalten, die ihm nachts über das Gesicht gekrochen seien (vgl. S. 123). Schnecken habe er bewundert, er sei der Meinung gewesen, dass ihre Langsamkeit eine Quelle ihrer Kraft sei (vgl. S. 123). Als Mia von seiner Leukämie-Erkrankung berichtet, wird deutlich, dass weder Kramer oder Rosentreter etwas davon wissen.

***Ambivalenz* (S. 126–129)**

Mia bleibt allein zurück und reflektiert über ihr Verhältnis zu Heinrich Kramer. Sie hält ihn für einen Nihilisten, weil er die Wahrheit dem Nutzen opfere. Sie hält sich ebenfalls für eine Nihilistin, allerdings fehle ihr die konsequente Unbedingtheit, die Rücksichtslosigkeit, mit der Kramer agiert. Der Nihilismus münde bei ihr selbst in „quälende() Haltlosigkeit" (S. 127). Diese Unbedingtheit bewundert Mia an Kramer. Sie selbst sei zu der Erkenntnis gekommen, dass man im Grunde jede Idee anfechten oder rechtfertigen könne; genauso könnte man Kramer als lächerlichen „Schnüffler" (S. 128) betrachten. Die ideale Geliebte kommentiert den Gedankengang Mias mit der sarkastischen Bemerkung, dass sie ja noch nicht einmal wisse, welches Geschlecht sie habe, wenn sie nicht zuvor nachgesehen habe; sie kritisiert damit eine fehlende Prinzipientreue bzw. einen fehlenden Idealismus. Mia denkt in Ambivalenzen und vermeidet idealistische Festlegungen.

Ohne zu weinen (S. 130–134)

Rückblende: Mia und Moritz

In einer erneuten Rückblende auf den Tag vor einem halben Jahr, an dem Moritz Sibylle treffen sollte, wird erzählt, wie Moritz kurz nach Mitternacht zu Mia kommt, nachdem er festgestellt hat, dass Sibylle bereits tot ist. Er erzählt, dass er neben der toten Sibylle auf das Eintreffen der Polizei gewartet habe. Mia fragt nach, was die Polizei von ihm gewollt habe; Moritz interpretiert diese Frage als einen Zweifel an seiner Unschuld, verweist auf seine Funktion als Zeuge und verlässt abrupt die Wohnung.

Unser Haus (S. 135–137)

Im „GESUNDEN MENSCHENVERSTAND" ist ein Kommentar von Heinrich Kramer erschienen; außerdem wurden die Hausbewohner über die Vorstrafe Mias informiert, was einer Wiederverleihung der Wächterhausplakette im Weg stehen könnte. Daher suchen Driss, Lizzie und die Pollsche Mia auf, um ihr nahezulegen, sich eine Wohnung in einem anderen Haus zu suchen. Mia schickt alle drei entrüstet weg.

Bedrohung verlangt Wachsamkeit (S. 138–140)

Kramers Zeitungskommentar als Anklage gegen Mia

In dem Kommentar bringt Heinrich Kramer Moritz Holl in Verbindung mit der Terrorgruppe R.A.K., die angeblich einen Angriff mit biologischen Waffen plane. Kramer charakterisiert Moritz aufgrund von Aussagen seiner Schwester Mia als einen „Gefährder" (S. 140), dessen Tod den Anlass für weitere terroristische Aktionen geben werde. Kramer fordert seine Leser auf, besonders sorgfältig auf verdächtige Mitmenschen zu achten: „Zivile Wachsamkeit ist gefragt" (S. 140); im Kern geht es Kramer um die Installation eines Spitzelwesens, das den Machterhalt des Systems gewährleisten soll.

Die Zaunreiterin (S. 141–146)

Während Mia nach wie vor alles unternimmt, um ihr gesetzeskonformes Leben wieder aufzunehmen, versucht die ideale Geliebte,

Mia davon zu überzeugen, dass Kramers Artikel nichts anderes als eine Anklageschrift gegen sie sei. Sie fordert sie auf, Kramer wegen Verleumdung anzuzeigen (vgl. S. 143) und sich mit diesem Schritt endlich zu ihrem Bruder zu bekennen. Sie wirft Mia vor, als eine „Hexe" im ursprünglichen Sinne in einem „*Dazwischen*" (S. 144) zu leben, sich weder für die eine noch für die andere Seite zu entscheiden. Mia muss ihr Recht geben, da sie äußerlich zwar versucht, systemtreu zu leben, in Wirklichkeit aber hofft, in Ruhe gelassen zu werden und keine Kontakte pflegen zu müssen (vgl. S. 146). Es ist Mia durchaus bewusst, dass die Definition von „Normalität" eine Sache des Standpunktes ist und dass es eine objektive Festlegung mithin nicht geben kann. Die Deutungshoheit über den Begriff „Normalität" sei eine Form der Machtausübung.

Fell und Hörner, zweiter Teil (S. 147–150)

Rückblende: Mia und Moritz

Im sechsten Rückblick treffen sich Mia und Moritz am Tag nach Sibylles Tod in der „Kathedrale". Moritz erinnert sich daran, dass Mia ihm bei seinem überstürzten Abschied in der Nacht noch hinterhergerufen habe, dass sie sein Zuhause sei; er umarmt sie innig. Moritz macht deutlich, dass der Mensch nur die Möglichkeit habe, sich anzupassen und dabei einen Verrat an sich selbst zu begehen oder zu sagen, was er denkt, und sich damit in Gefahr zu bringen (vgl. S. 148). Moritz würde sich aus diesem Grund auch niemals einer Gruppe wie der R.A.K. anschließen, da er den Zwang, sich der Meinung einer Gruppe anzupassen, ablehnt: „Aber der einzige Anspruch, den ich stelle, ist der auf meine persönliche Wirklichkeit" (S. 149). Mia weist ihn darauf hin, dass dieses auf Individualität gründende Konzept eine Konformität mit der „allgemeinen Wirklichkeit" (S. 149) ausschließe. Moritz bejaht das und beschreibt seine Lebenseinstellung als ein ständiges Schalten zwischen Individualität und Kollektivität („subjektiv, objektiv", ebd.). Auf diese Weise gleiche der Mensch „einer defekten Lampe" (ebd.).

Nach diesen Worten treten Polizisten aus dem Gebüsch und verhaften Moritz wegen der Vergewaltigung und des Mordes an Sibylle Meiler.

Das Recht zu schweigen (S. 151 f.)

Mia wird festgenommen

Rund sechs Monate später, auf der Zeitebene der ersten Analepse, sitzt Mia in Erinnerung an Moritz rauchend in der „Kathedrale", als Polizisten auftauchen und sie wegen „methodenfeindliche(r) Umtriebe sowie der Führung einer methodenfeindlichen Vereinigung" (S. 151) festnehmen.

Der Härtefall (S. 153–168)

Der Prozess gegen Mia

Der Prozess gegen Mia nimmt eine zentrale Stelle innerhalb des Romans ein. Mia wird im Wesentlichen wegen methodenfeindlichen Verhaltens in Wort und Tat angeklagt. Der Versuch der Verteidigung, ein Aussetzen des Verfahrens zu erreichen und einen Befangenheitsantrag durchzusetzen, scheitert. Bei ihrer Befragung unterstreicht Mia, dass naturwissenschaftliche Prinzipien ihre Einstellung bestimmen. Veränderungen an der Spitze eines gesellschaftlichen Systems hält sie für naturgegeben (vgl. S. 158). Gleichzeitig macht sie klar, dass sie nach wie vor eine Verfechterin der „METHODE" sei, da die Vernunft ihr bestimmendes Merkmal sei. Sie wirft dem herrschenden System vor, dass es nicht unfehlbar ist (vgl. S. 161).

Die Reaktionen der Richterin und des Staatsanwaltes auf die Einlassungen Mias fallen unterschiedlich aus: Während Richterin Sophie diese Ausführungen stets zugunsten der Angeklagten interpretiert, wertet Staatsanwalt Bell sie stets als Beweise für die Schuld Mias.

Rosentreter beweist die Unschuld von Moritz Holl

Auf einen entsprechenden Antrag der Verteidigung hin lässt die Richterin verfahrensrelevantes Material aus der Strafsache „Moritz Holl" zu; Rosentreter nutzt diese Chance, um ins Bewusstsein zu rufen, dass Moritz bei der Stammzellentransplantation, die seine Leukämieerkrankung heilte, auch das Erbgut des Spenders übernommen hat. Er präsentiert das Foto des Knochenmarkspenders und macht deutlich, dass dieser Walter Hannemann der mutmaßliche Mörder von Sibylle Meiler ist. Rosentreter gelingt so der Nachweis, dass die „METHODE" fehleranfällig ist; der anwesende Kramer, der die Enthüllung durch Zwischenrufe zu verhindern sucht, reagiert genauso wie der stellvertretende Vorsitzende Hutschneider und Richterin Sophie schockiert. Der Erzähler weist in einer Vorausdeutung darauf hin, dass die Entscheidung zur Zulassung von Material aus einem anderen Prozess das berufliche Karriereende für die Richterin bedeutet (vgl. S. 162 f.) und dass Mia Sophie nicht mehr sehen wird (vgl. S. 168). Rosentreter beweist, dass der Härtefallantrag berechtigt ist, da Moritz offenkundig einem schweren Justizirrtum zum Opfer gefallen ist (vgl. S. 103).

Staatsanwalt Bell vertritt stets eine harte Auslegung der Gesetze und findet sich damit immer wieder im Konflikt mit der Richterin. Als Mia beispielsweise verlangt, dass die „METHODE" unfehlbar sein müsse, legt Bell das als eine Begründung für ein Widerstandsrecht aus (vgl. S. 161).

Das ist die Mia (S. 169 f.)

Driss verfolgt aufgeregt ein Interview mit Mia, das im Fernsehen übertragen wird und in dem sie deutlich macht, dass Zweifel an dem herrschenden System der „METHODE" berechtigt sind. Driss sieht sich in ihrer Bewunderung für Mia bestätigt, während die Pollsche und Lizzie ihr nach wie vor mit großer Skepsis begegnen.

Der größtmögliche Triumph (S. 171–176)

Mia wandelt sich von der Befürworterin der „METHODE" zu deren Gegnerin

Rosentreter feiert zusammen mit Mia den juristischen Erfolg vor Gericht. Trotz der Euphorie will er zunächst sorgfältig und in aller Ruhe die nächsten Schritte planen. Er empfiehlt Mia, die Öffentlichkeit zu meiden und für eine Weile das Haus nicht zu verlassen. Doch Mia hat den Entschluss gefasst, das Fehlurteil gegen ihren Bruder zum Anlass zu nehmen, um ganz grundsätzlich an der Legitimität des Systems der „METHODE" zu zweifeln. Die Erkenntnis, die sie gewonnen hat, füllt für sie den Begriff „Liebe" aus: „Es reicht nicht, an einen Menschen zu *glauben*. Es reicht nicht einmal, von seiner Unschuld zu *wissen*. Es geht darum, sich mit ganzem Wesen zu ihm zu *bekennen*" (S. 174). Sie will das Unrechtssystem der „METHODE" öffentlich anprangern und sich als „Galionsfigur" (S. 175) des Kampfes zur Verfügung stellen. Als Sprachrohr will sie Heinrich Kramer benutzen.

Die zweite Kategorie **(S. 177–185)**

Heinrich Kramer kommt zu Mia Holl. Sie sprechen über existentielle Fragen. Kramer teilt die das menschliche Leben beeinflussenden Faktoren in zwei Kategorien ein: Die erste Kategorie umfasse solche Ereignisse, die dem Menschen zuträglich sind; die zweite Kategorie umfasse schlechte Ereignisse (vgl. S. 178). Kramer formuliert sein Bekenntnis zum Ideal der „METHODE", die er als einen Ausdruck der Vernunft sieht, weil sie Gesundheit als Synonym für Normalität begreift: „Das Störungsfreie, Fehlerlose, Funktionierende: Nichts anderes taugt zum Ideal" (S. 181). Sie tauge auch deshalb zum Ideal, weil sie eine viel geringere Fehlerquote als andere Systeme habe (vgl. S. 183). Kramer lehnt Widerstand oder Freiheitskampf grundsätzlich ab; Fortschrittsdrang und der Wunsch nach Veränderung würden viele Opfer fordern (vgl. ebd.). Aus rationalen Gründen gebe es keinen Grund, die „METHODE" durch ein anderes System zu ersetzen. Mia setzt ihre neugewonnene Position gegen die von Kramer, es ist eine Position, die Rationalität mit Emotion verbindet: „Ich kann jetzt mit dem Herzen denken" (S. 183). Sie ist nun davon überzeugt, dass es sich lohne, für die Freiheit zu kämpfen (vgl. S. 184). Mia tituliert Kramer als einen Kämpfer für die „Erhaltung" (ebd.) und definiert ihn als ihren direkten Gegensatz, den sie nun als Sprachrohr für die öffentliche Bekanntgabe ihrer Einstellung braucht.

Wie die Frage lautet (S. 186 f.)

Dieser Abschnitt beinhaltet die Stellungnahme, die Mia Holl dem Journalisten Heinrich Kramer diktiert. Gegen die vom System proklamierten Werte von Funktionalität, Normalität, Kontrolle und Fremdbestimmung setzt sie Werte wie Freiheit, Individualismus und Selbstverantwortung. Dies ist im Grunde genommen der ideelle Kern des Romans, in dem die im Plot verhandelten Gegensätze begrifflich gegeneinander in Stellung gebracht werden. (Auf diesen Abschnitt gehen wir ausführlich im Kapitel 3.7 ab S. 86 dieser Erläuterung ein.)

Der ideelle Kern des Romans: Mia diktiert Kramer ihre Stellungnahme

Vertrauensfrage (S. 188–191)

Heinrich Kramer ist begeistert von Mias „Pamphlet" (S. 188) und er erkennt sofort, dass sie das Ende ihrer bürgerlichen Existenz bedeuten wird. Er äußert die Vermutung, dass die Zeit für eine Vertrauensfrage gekommen sein könnte, durch die das herrschende System seine Macht stabilisieren kann; Mias Stellungnahme könnte dabei behilflich sein.

Nachdem Kramer gegangen ist, kündigt auch die ideale Geliebte an, dass sie nicht länger bei Mia bleiben müsse, da ihr Auftrag, dass sie Moritz glauben möge, erfüllt sei (vgl. S. 189 f.). Sie sorge sich um Mia, die darauf entgegnet, dass sie – Mia – praktisch eine „Heilige" (S. 190) sei. Die ideale Geliebte weist darauf hin, dass vor der Heiligsprechung das Märtyrertum stehe.

Die ideale Geliebte verlässt Mia

Sofakissen (S. 192–194)

Mit erheblichem Gewalteinsatz wird Mia von Methodenschützern in ihrer Wohnung festgenommen, betäubt und abtransportiert. Driss protestiert ohne Erfolg gegen die Verhaftung.

Mia wird festgenommen

Freiheitsstatue (S. 195–198)

Rosentreter besucht Mia im Gefängnis, sie ist verletzt und sitzt in Isolationshaft. Eine Anklage existiere nicht, er berichtet, dass sie wegen Suizidgefahr inhaftiert worden sei. Er erzählt ihr, dass ihre

Rosentreter besucht Mia im Gefängnis

Proklamation eine breite Wirkung entfaltet habe und dass viele Menschen für ihre Freilassung demonstrierten. Mia sieht sich als eine Art „Integrationsfigur", eine „Projektionsfläche dieses Glücks", „(e)ine Freiheitsstatue, geformt aus Fleisch und Blut" (S. 198), hinter der sich alle, die unzufrieden sind, vereinen. Beim Abschied verspricht Rosentreter, sie aus dem Gefängnis zu holen; Mia ist der Überzeugung, dass „die anderen" (S. 198), also die Protestierenden, sie ebenfalls befreien werden.

Der gesunde Menschenverstand (S. 199–201)

In Würmers Sendung macht Heinrich Kramer der Proklamation Mias eine Kampfansage

Heinrich Kramer tritt in der Sendung „WAS ALLE DENKEN" auf und hält eine Rede, in der die Prinzipien der „METHODE" erläutert werden. Krankheit sei „das Ergebnis von fehlender Überzeugung und fehlender Kontrolle" (S. 200); Krankheit könne auch aus infektiösen Ideen resultieren, daher habe die „METHODE" die Aufgabe, das krankmachende Element zu identifizieren und zu beseitigen. Die Zuschauer wissen, dass seine Ausführungen als Kampfansage an die Stellungnahme Mia Holls zu werten sind: „Sie markieren den Anfang vom Ende im Fall Mia Holl" (S. 201).

Geruchlos und klar (S. 202–213)

Kramer besucht Mia im Gefängnis

Kramer besucht Mia in der Isolationshaft und teilt ihr mit, dass auch die R.A.K.-Terrorgruppe sich bei geplanten Anschlägen auf Mia Holl berufe. Mia weist diese Schuldzuweisung zurück und stellt klar, dass sie erst durch das Eingreifen der staatlichen Organe unfreiwillig zur Identifikationsfigur geworden sei. Kramer erkundigt sich danach, ob Moritz ihr etwas hinterlassen habe; Mia gesteht, dass sein Erbe darin bestehe, sie von seinen Ansichten überzeugt zu haben. Die Frage, ob Moritz als eine Art „Märtyrer" gelten könne, bejaht Mia mit der Einschränkung, dass dies nur im Falle eines Umsturzes und eines Regierungswechsels gelten könne.

Kramer hat die Einlassungen Mias aufgezeichnet und freut sich offensichtlich über das nun nachweisbare „Geständnis". Er bittet Mia darum, einen vorformulierten Text zu unterschreiben, in dem Mia einräumt, der Widerstandszelle der „Schnecken" anzugehören und zusammen mit ihrem Bruder den Mord an Sibylle Meiler als Teil einer Strategie geplant zu haben, die einen Justizskandal und in der Folge einen Umsturz zum Ziel hat. Auch der Selbstmord von Moritz, bei dem Mia durch das Einschmuggeln einer Angelschnur geholfen hat, sei ein Teil des Plans gewesen, weil er Moritz zum Märtyrer machen sollte (vgl. S. 209). Mia reagiert empört auf die Unterstellungen und setzt ihre Hoffnung auf die Protestierenden.

Mit Kramers Hinweis, dass es doch recht unwahrscheinlich sei, dass sich Moritz zufällig mit dem Opfer seines Knochenmarkspenders getroffen hat, wird Mias Misstrauen geweckt, dass die Ereignisse möglicherweise doch von der „METHODE" geplant worden sind, um sich einer möglicherweise gefährlichen Opposition zu entledigen.

Kramer sieht den Vorteil des gegenwärtigen Systems gegenüber anderen Systemen darin, dass es eine vergleichsweise große Zahl von Menschen glücklich mache (vgl. S. 212).

Würmer (S. 214–219)

Würmer wird als Kronzeuge im Prozess gegen Mia vorgeführt

Nach der Ablösung von Richterin Sophie aus Befangenheitsgründen führt nun Richter Hutschneider das Verfahren gegen Mia Holl. Es kommt zu einer Gegenüberstellung mit dem Kronzeugen Würmer, dem ehemaligen Moderator von „WAS ALLE DENKEN", der aussagt, er habe Mia mehrfach in der „Kathedrale" getroffen und dass sie die Führung der „Schnecken" übernommen habe. Nach der Aussage wird er schnell abgeführt, sodass es Mia nicht gelingt, ihn zu einer Revision seiner falschen Aussagen zu bewegen.

Keine Liebe der Welt (S. 220–228)

Rosentreter schiebt Mia im Gefängnis eine Nadel durch das Sprechloch

Rosentreter besucht Mia im Gefängnis; er empfindet das Mandat als lästig und hat begonnen, Mia eine starke Antipathie entgegenzubringen, da sie nach seinem juristischen Erfolg nicht auf seinen Rat gehört, sondern mit ihrer radikalen Stellungnahme eine Eskalation des Konfliktes bewirkt hat.

Er berichtet ihr, dass das Höchste Methodengericht ihre Anträge abgelehnt habe und dass das Verfahren gegen sie fortgesetzt würde. Außerdem berichtet er von Zeitungsartikeln, in denen bekannt gegeben wird, dass neue Beweise dafür aufgetaucht seien, dass Mia einen Anschlag mit Bakterienkulturen geplant habe. Die Nahrungsmitteltuben, in denen diese Kulturen gefunden worden sind, identifiziert Mia als diejenigen, die Kramer bei seinem letzten Besuch im Gefängnis mitgenommen hatte. Außerdem werde berichtet, dass Mia auch beruflich mit den gefundenen Bakterien gearbeitet habe, was ein weiteres Verdachtsmoment darstelle, dass sie eine Vergiftung der Stadt geplant habe (vgl. S. 224).

Mia wird einmal mehr bewusst, dass das System aus der authentischen oder manipulierten Datenspur eines Individuums die Beweise nimmt, die es zur Begründung einer These benötigt: „Wenn die METHODE glaubt, in Mia Holl einen Gefährder vor sich zu haben, dann sieht sie auch einen Gefährder" (S. 226).

Schließlich berichtet Rosentreter, dass er sich von seiner Partnerin getrennt habe, da sie die Gefahr, in die er sich durch die Verteidigung einer „Terroristin" (S. 227) bringt, nicht akzeptieren wollte. Zum Abschied schiebt er eine Nadel durch eines der Sprechlöcher der Scheibe; Mia hat ihn gebeten, sie ihr zu bringen.

Mittelalter (S. 229–236)

Kramer besucht sie im Gefängnis und bietet ihr im Namen des Gerichtes einen Vergleich an: Für den Fall, dass sie gesteht, einen Anschlag mit Bakterien geplant zu haben, und dass sie zugibt, dass der Tod ihres Bruders von einer Widerstandsgruppe inszeniert worden ist, stellt man ihr statt des zu erwartenden Einfrierens eine Gefängnisstrafe in Aussicht. Kramer gibt zu, dass die Ereignisse um Mia und Moritz zu einer Verhaltensänderung in Teilen der Bevölkerung geführt haben (vgl. S. 233); er appelliert an sie, aus Verantwortungsgefühl für ihre Mitmenschen mit dem System zu kooperieren. Er erinnert auch daran, dass der moderne Mensch aufgrund der Hygienevorschriften kein intaktes Immunsystem mehr habe und dass es deswegen sehr schnell zu einer Epidemie kommen könnte, wenn die Gesundheitsvorschriften nicht mehr eingehalten werden. Sollte Mia nicht kooperieren wollen, müsste sie mit Folter rechnen. Das System will unter allen Umständen verhindern, dass Moritz oder Mia als Märtyrer des Systems gelten können.

‚Es' regnet (S. 237–241)

Mia wird gefoltert

Nach der Folter durch Stromstöße und während der Folter durch Schlafentzug erinnert sich Mia daran, dass der zwölfjährige Moritz fest von der Existenz Gottes überzeugt gewesen sei. Da das Licht im Raum permanent in kurzen Abständen an- und ausgeht, findet Mia keine Ruhe, sie produziert fortwährend zum Teil unzusammenhängende Gedanken.

Dünne Luft (S. 242–249)

Aus ihrem Arm entfernt Mia mit der Nadel den Chip und gibt ihn Kramer

Kramer besucht sie erneut in ihrer Zelle, es wird deutlich, dass Mia der Folter widerstanden und ihre Position nicht aufgegeben hat. Mia beweist Kramer, dass er ein Fanatiker ist, da er keine Angst hat, als Mia ihm androht, sein Auge mit einer Nadel zu perforieren (vgl. S. 245). Sie dagegen gesteht, dass sie große Angst habe. Sie wirft Kramer vor, völlig von der „METHODE" abhängig zu sein und diese als eine Art Muttterersatz zu betrachten. Während Mia spricht, entfernt sie mit Hilfe der Nadel den in ihrem Oberarm implantierten Chip und übergibt ihn Kramer mit dem Hinweis, dass dieser nun sein rechtmäßiger Besitz sei.

Mia vor Gericht im Theaterstück *Corpus Delicti*, das während der Ruhrtriennale 2007 uraufgeführt wurde (Regie: Anja Gronau) © picture-alliance / dpa | Bernd Thissen

Ohne den Chip fühlt sich Mia befreit. Kramer tituliert sie beim Abschied verächtlich als Märtyrerin.

***Siehe oben* (S. 250–259)**

Mias letzter Prozess und ihre Verurteilung

Mia wird schwerbewacht in einem Käfig in den Gerichtssaal gebracht, wo ihr letzter Prozess stattfinden soll. Sie ist unter anderem wegen Hochverrats und Beihilfe zum Mord angeklagt, die Staatsanwaltschaft fordert die Höchststrafe: Einfrieren auf unbestimmte Zeit. Die Verteidigung verzichtet auf einen Gegenantrag, da die Beweise gegen Mia erdrückend seien (vgl. S. 253). Es gibt vereinzelten Protest im Publikum, der von den Methodenschützern aber schnell unter Kontrolle gebracht wird. Als Zeuge wird Heinrich Kramer vernommen, der Mia für eine „hochgefährliche Fanatikerin" (S. 255) hält. Als die drei Mitbewohnerinnen vernommen werden sollen, kommt es zu weiteren Protesten, Parolen wie „METHODE ist Mord" (S. 257) werden gerufen; da Driss den Parolen zustimmt, wird sie ebenfalls abgeführt. Mia hält eine kurze Ansprache, in der sie zu konsequentem Handeln auffordert. Schließlich verkündet Richter Hutschneider das Urteil, das bereits den Beginn des Romans markiert und mit dem die Erzählung die Analepse beendet und zur Erzählgegenwart zurückkehrt.

Zu Ende (S. 260–264)

Bei der Vollstreckung des Urteils ist neben Richter Hutschneider auch Heinrich Kramer anwesend, der Mias letzten Wunsch nach einer Zigarette erfüllen kann. Kurz bevor sie eingefroren wird, erscheint Bell und teilt mit, dass dem Gnadengesuch der Verteidigung stattgegeben worden sei und dass man Mia auf freien Fuß setze. Lachend weist Kramer Mia darauf hin, dass das System sie nicht zur Märtyrerin machen wolle, was Mia wütend macht (vgl. S. 264). Das System setze auf eine Resozialisierung Mias, wozu die erforderlichen Maßnahmen wie z. B. psychologische Betreuung, Bestellung einer Aufsichtsperson, Unterbringung in einer Resozialisierungsanstalt ergriffen würden. Mia ist mit dieser Entscheidung nicht einverstanden.

Um Mia nicht zur Märtyrerin zu machen, wird sie begnadigt und soll resozialisiert werden

3.3 Aufbau

Zusammenfassung

- Der Roman weist keine Kapitelzählung auf, sondern ist in insgesamt 50 mit Überschriften versehene Abschnitte eingeteilt. Die Abschnittsüberschriften sind immer Worte aus dem Abschnitt selbst.
- Das in einen narrativen Rahmen eingebettete Geschehen wird durch einzelne Rückblenden unterbrochen. Am Ende wird die Geschichte über den Rahmen hinaus weitererzählt.
- Die Handlung spielt in der Mitte des 21. Jahrhunderts ungefähr einen Sommer lang in Deutschland.

Gattung

Das Buch trägt **keine paratextuelle Bezeichnung**. Der Untertitel *Ein Prozess* verweist auf den narrativen Rahmen der Erzählung. Durch die Angabe „in der Mitte des Jahrhunderts" (S. 11) wird klar, dass die Handlung in der Zukunft spielt und dass der Roman damit zum **Genre des „Science-Fiction"** zu zählen ist. Genauer ließe sich der Roman als „utopischer Roman" definieren, da die Betonung nicht so sehr auf der Handlung liegt, sondern vielmehr auf der ideellen Auseinandersetzung mit einer alternativen staatlichen Ordnung, die das Glück und die Gesundheit aller Menschen garantieren will.

Auseinandersetzung mit einer alternativen staatlichen Ordnung

Die deutlich vernehmbare Kritik an diesem idealen Zustand **ordnet den Roman den Anti-Utopien, den Dystopien, zu**. Zu diesen zählen etwa *1984* von George Orwell (1949), Aldous Huxleys *Brave New World* (1932), Ray Bradburys *Fahrenheit 451* (1953) oder Anthony Burgess' *A Clockwork Orange* (1962). Sie entwerfen Zukunftsszenarien, in denen die vollständige Kontrolle des Individuums beschrieben wird. (Erklärungen zu den Begriffen „Science-Fiction" und „Utopie" finden sich im Materialienteil dieser Erläuterung ab S. 137.)

DIE NARRATIVE STRUKTUR UND DIE ZEITSTRUKTUR DES ROMANS

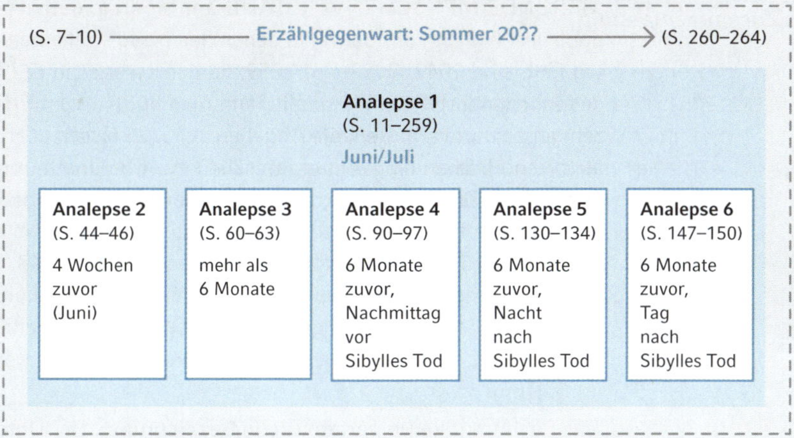

Die Grundstruktur der Handlung

Narrative Struktur

Die narrative Struktur des Romans besteht im Wesentlichen aus einer **Rahmenerzählung**, die zeitlich mit dem Urteil gegen Mia Holl beginnt, und dem **Rückblick** (Analepse 1), der den größten Raum einnimmt und in dem die Ereignisse in den Monaten vor dem Prozess erzählt werden (vgl. das Schaubild unten). In diese umfangreiche Analepse sind weitere sechs Analepsen eingebaut, in denen der Raum der erzählten Zeit teilweise über sechs Monate vor die Erzählgegenwart reicht und in denen schwerpunktmäßig die Tage vor und nach der Ermordung von Sibylle Meiler erzählt werden. Die Analepse 1 findet ihren Ausgang in der **Erzählgegenwart**, die die Handlung bis zur Vollstreckung und Begnadigung Mias erzählt.

Zeitstruktur

Der Roman spielt „in der Mitte des Jahrhunderts" (S. 11), die Rekonstruktion der Zeitstruktur des Romans orientiert sich an der

Angabe eines konkreten Datums im Abschnitt *Bedrohung verlangt Wachsamkeit*: Der Kommentar von Heinrich Kramer wird in der „GESUNDE MENSCHENVERSTAND am Montag, dem 14. Juli, publiziert (vgl. S. 138). Jahre, in denen der 14. Juli auf einen Montag fällt, sind 2042, 2053 und 2059; da der Roman „in der Mitte des Jahrhunderts" (S. 11) spielt, kann man 2053 als Jahr der Erzählgegenwart vermuten; die Angaben auf S. 85 lassen allerdings auch eine Datierung auf das Jahr 2043 zu. Die Unstimmigkeit der fiktiven Zeitangaben lässt somit keine genauere Angabe als „Mitte des Jahrhunderts" zu; die Ereignisse der Analepse 1 können somit auf die Sommermonate der Jahre 2042, 2043, 2053 oder 2059 eingeschränkt werden, darüber hinaus fehlen konkrete Zeitangaben, sodass nur ungefähre Angaben über den zeitlichen Rahmen und die Dauer der Handlung gemacht werden können.

3.4 Personenkonstellation und Charakteristiken

Zusammenfassung

Die Hauptpersonen sind:

Mia Holl:
- 34 Jahre alt, erfolgreiche Biologin
- ohne Partner, aber innige Verbundenheit mit ihrem Bruder
- anfänglich Anhängerin der „METHODE" aus naturwissenschaftlicher Überzeugung, im Laufe des Romans immer mehr Verfechterin eines Individualitäts- und Freiheitsideals

Moritz Holl:
- 27 Jahre alt, wird als „Träumer" charakterisiert (vgl. S. 33), hatte als Kind Leukämie, die durch eine Knochenmarktransplantation geheilt werden konnte
- überzeugter Idealist, der sein Leben unabhängig und frei gestalten möchte und der sich gegen die staatliche Kontrolle wehrt
- gerät in einen Mordfall und wird fälschlicherweise als Täter verurteilt; begeht Suizid im Gefängnis
- Moritz' Position wird in der idealen Geliebten personifiziert, die nach seinem Tod als Gesprächspartnerin von Mia fungiert und damit den inneren Konflikt Mias dramaturgisch nachvollziehbar werden lässt

Heinrich Kramer:
- verheiratet, zwei Kinder, führt aus Überzeugung ein systemkonformes Leben
- wird als gesunde und selbstbewusste Erscheinung beschrieben, die die Macht der Presse zum Kampf gegen Feinde der „METHODE" nutzt
- wichtigster ideeller Gegner Mias, der über großen Einfluss verfügt

Neben diesen Hauptfiguren existiert eine Reihe von **Nebenfiguren** wie z. B. die Bewohnerinnen des „Wächterhauses", der Verteidiger Lutz Rosentreter, Richterin Sophie und Staatsanwalt Bell, die sich als Befürworter oder Gegner der „METHODE" positionieren (vgl. Schaubild zur Personenkonstellation, S. 60).

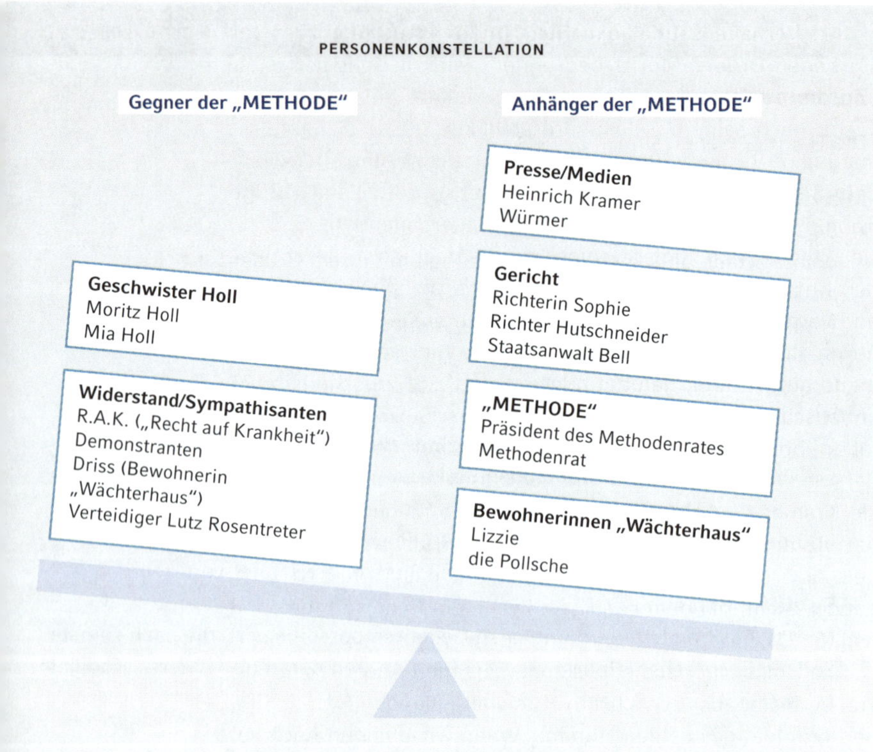

Mia Holl

34 Jahre, Biologin

Mia Holl, 34 Jahre alt (vgl. S. 85), tritt in der ersten Gerichtsszene (im Abschnitt *Mitten am Tag, in der Mitte des Jahrhunderts*, S. 11–19) nicht selbst auf, wird aber indirekt eingeführt, da man ihren Verstoß gegen die Meldepflicht ahnden muss. Vor diesem Verstoß hat sie sich nichts zuschulden kommen lassen. Sie wird beschrieben als „erfolgreiche Biologin mit Idealbiographie. Keine Anzeichen von physischen oder sozialen Störungen“ (S. 19).

Ihre Verhaltensauffälligkeit liegt in der Trauer um ihren verstorbenen Bruder Moritz begründet, dem sie sehr nahesteht und den sie nach seiner Verhaftung täglich im Gefängnis besucht; nach seinem Selbstmord stellt die ideale Geliebte die imaginäre Verbindung zwischen den Geschwistern her. Nach dem Selbstmord ist Mia Holl nicht mehr in der Lage, die gewohnte Ordnung ihres Lebens aufrechtzuerhalten (vgl. S. 47 f.), sie kümmert sich immer weniger um die staatlich vorgeschriebenen Regeln; sie verlässt wochenlang ihre Wohnung nicht mehr und vernachlässigt ihre Reinigungspflichten: „In der Wohnung herrschte Chaos. Es sieht aus, als hätte hier seit Wochen niemand aufgeräumt, gelüftet oder geputzt" (S. 26). Sie ist auch enttäuscht von ihrem Bruder, da sie seinen Suizid als einen Verrat an ihrer Liebe begreift. In ihrer Trauer um den Tod des Bruders verwechselt Mia Schuld und Kausalität (vgl. S. 32), wenn sie Kramer für seinen Tod verantwortlich macht; in Wahrheit hat sie ihrem Bruder mit dem gesetzeswidrigen Einschmuggeln einer Angelschnur in das Gefängnis das Mittel zur Verfügung gestellt, mit dem er seinem Leben ein Ende setzen konnte (vgl. S. 31).

Der Tod ihres Bruders wirft Mia aus ihrem geregelten Alltag

Mia Holl sucht nach einem angemessenen Ausdruck für ihre Trauer, bleibt aber zunächst in Passivität gefangen (vgl. S. 55 f.) und erduldet das Leiden stumm: „Wenn wir uns nun noch vorstellen, dass Mia sich in dieser und in allen ähnlichen Nächten eben *nicht* von der Decke frei strampelt, *nicht* aufsteht und ans Fenster tritt, kein Glas zerschlägt, sondern einfach liegen bleibt, schlaflos in der Haltung einer Schlafenden – dann wissen wir in etwa, was sie durchmacht" (S. 56). Dabei versucht sie lange Zeit, ihre Zustimmung zu dem System der „METHODE" aufrechtzuerhalten; auch in der Anhörung vor Richterin Sophie gesteht sie ein, dass sie als logisch denkender Mensch gar nicht anders könne, als das System gutzuheißen, dass dem Wohlergehen aller dient (vgl. S. 59). Gleichzeitig wird der innere Konflikt immer stärker: Folgt sie der Liebe zu ihrem Bruder, stellt sie unwiderlegbare

Mia zweifelt an ihren eigenen Grundsätzen

naturwissenschaftliche Erkenntnisse in Frage; folgt sie diesen Erkenntnissen, handelt sie gegen ihre emotionale Überzeugung (vgl. S. 39). Das (verbotene) Rauchen einer Zigarette ist ein Ausdruck des Wunsches, ihrem Bruder nahe zu sein; gleichzeitig widerspricht es ihrer naturwissenschaftlichen Überzeugung. Zudem wird ihr „Missbrauch toxischer Substanzen" mit einer Geldstrafe und einem Strafrechtsverfahren geahndet (vgl. S. 69).

Die Versuche Mias, ins alte Leben zurückzukehren, halten nicht lange vor

Nach der ersten Gerichtsverhandlung und dem Gespräch mit ihrem Verteidiger Rosentreter unternimmt Mia Anstrengungen, um in ihr altes Leben zurückzufinden (vgl. S. 79–82). Sie ist gewillt, die Phase der Trauer und des Zweifels zu überwinden; die ideale Geliebte bezweifelt aber, dass es Mia gelingt, den tiefsitzenden Zweifel am herrschenden System, der durch den Tod von Moritz aufgekommen ist, ohne eine eindeutige Klärung der Schuldfrage zu überwinden (vgl. S. 82).

Obgleich Mia tatsächlich allmählich in ihr altes Leben zurückfindet, kommt es im zweiten Strafprozess zu einer Eskalation, da Mia der Strategie ihres Verteidigers folgt im Vertrauen darauf, dass er die juristischen Spielregeln kennt und sie einzusetzen weiß (vgl. S. 98–104). Seine Strategie entspricht im Kern nicht dem Wunsch Mias, die keine weitere Konfrontation will, da sie ihr eigenes Fehlverhalten einsieht und der Richterin im Grunde dankbar für das Verständnis ist.

Mia prangert die Fehlbarkeit einer „METHODE" an, von der sie früher selbst überzeugt gewesen ist

Nach dem Prozess fasst Mia den Entschluss, das Fehlurteil gegen ihren Bruder zum Anlass zu nehmen, um ganz grundsätzlich an der Legitimität des Systems der „METHODE" zu zweifeln. Sie will das Unrechtssystem der „METHODE" öffentlich anprangern und sich als „Galionsfigur" (S. 175) des Kampfes zur Verfügung stellen. Die Erkenntnis, die sie gewonnen hat, füllt für sie den Begriff „Liebe" aus: „Es reicht nicht, an einen Menschen zu *glauben*. Es reicht nicht einmal, von seiner Unschuld zu *wissen*. Es geht darum, sich mit ganzem Wesen zu ihm zu *bekennen*" (S. 174).

Mia verbindet in ihrer neuen Einstellung Rationalität mit Emotion

Mia setzt ihre neugewonnene Position gegen die von Kramer, es ist eine Position, die Rationalität mit Emotion verbindet: „Ich kann jetzt mit dem Herzen denken" (S. 183). Sie ist nun davon überzeugt, dass es sich lohne, für die Freiheit zu kämpfen (vgl. S. 184). Mia tituliert Kramer als einen Kämpfer für die „Erhaltung" (ebd.) und definiert ihn als ihren direkten Gegensatz, den sie nun als Sprachrohr für die öffentliche Bekanntgabe ihrer Einstellung braucht. Gegen die vom System proklamierten Werte von Funktionalität, Normalität, Kontrolle und Fremdbestimmung setzt sie Werte wie Freiheit, Individualismus und Selbstverantwortung (vgl. S. 186 f.).

Mia wird einmal mehr bewusst, dass das System aus der authentischen oder manipulierten Datenspur eines Individuums die Beweise nimmt, die es zur Begründung einer These benötigt: „Wenn die METHODE glaubt, in Mia Holl einen Gefährder vor sich zu haben, dann sieht sie auch einen Gefährder" (S. 226). Im Grunde ist das auch das Argument, sich gegen zunehmende staatliche Überwachung zu wehren; aus den Daten kann je nach Bedarf alles Mögliche herausgelesen werden und was nicht genau passt, wird manipuliert. Das beschwichtigende Argument, dass nur diejenigen, die etwas zu verbergen haben, gegen die staatliche Kontrolle sind, wird mit dem Argument der Beliebigkeit der Deutung der Daten außer Kraft gesetzt.

Der Umstand, dass sie sich eine Nadel mitbringen lässt, deutet darauf hin, dass sie wie Moritz den Suizid als letztmöglichen Ausweg ins Auge fasst, da sie nicht als „Beute des Systems" enden möchte: „Wer stirbt, entwischt. Wer eingefroren wird, gehört endgültig dem System. Als Jagdtrophäe" (S. 231). Später nutzt sie die Nadel erst, um Kramers Augenlicht erfolglos zu bedrohen, dann, um sich den Chip aus dem Oberarm zu entfernen (vgl. S. 245 f.).

Mia weicht nicht mehr von ihrer neuen Überzeugung ab

Mia hat ihr naturwissenschaftlich-logisches Denkmuster im Gefängnis völlig abgelegt und ist auch unter Folterandrohung nicht bereit, es wieder zum Maßstab ihres Handelns werden zu lassen; so lehnt sie den Vorschlag Kramers unter Hinweis auf die „Seele", die „Würde" (S. 232) ab, die ihr das System nicht rauben könne. Dies ist ein Ausdruck von Mias Glauben an menschliche Attribute, die jenseits der naturwissenschaftlich fassbaren Realität liegen.

Moritz Holl

27 Jahre, hat großen Freiheitsdrang

Moritz Holl, 27 Jahre alt, wird als „Träumer" charakterisiert (vgl. S. 33); der Mordvorwurf steht damit in einem direkten Widerspruch zu seinem als „sanft" (vgl. ebd.) beschriebenen Charakter. Er sehnt sich nach einem natürlichen Leben ohne die regulierenden Vorgaben der „METHODE", das (streng verbotene) Rauchen ist für ihn eine Protestform. Es verschaffe ihm den Eindruck einer Zeitreise und vermittle ihm das Gefühl, frei zu sein (vgl. S. 68). Er hat wechselnde weibliche Bekanntschaften, die ihm jeweils von der Zentralen Partnervermittlung nach immunologischen Kriterien vorgeschlagen werden. Moritz bezeichnet diese staatliche Partnervermittlung als „die größte Puffmutter der Welt" (S. 61). Moritz Holl hat einen großen Freiheitsdrang und missbilligt Überwachung (vgl. S. 90). Seine Auffassung vom menschlichen Leben in Freiheit fasst er in den folgenden Sätzen treffend zusammen: „Der Mensch muss sein Dasein *erfahren*. Im Schmerz. Im Rausch. Im Scheitern. Im Höhenflug. Im Gefühl der vollständigen Machtfülle über die eigene Existenz. Über das eigene Leben und den eigenen Tod" (S. 92).

Moritz ist ein unangepasster Individualist, nur sich selbst treu

Moritz Holls Lebenseinstellung geht davon aus, dass der Mensch nur die Möglichkeit habe, sich anzupassen und dabei einen Verrat an sich selbst zu begehen oder zu sagen, was er denkt, und sich damit in Gefahr zu bringen (vgl. S. 148). Er würde sich aus diesem Grund auch niemals einer Gruppe wie der R.A.K. anschließen, da er den Zwang, sich der Meinung einer Gruppe anzupassen, ablehnt: „Aber der einzige Anspruch, den ich stelle, ist der auf meine persönliche Wirklichkeit" (S. 149). Seine Lebenseinstellung sei ein ständiges Schalten zwischen Individualität und Kollektivität („subjektiv, objektiv", ebd.); auf diese Weise gleiche der Mensch „einer defekten Lampe" (ebd.), die an- und ausgeht. Sein Ruf „Ihr opfert mich auf dem Altar eurer Verblendung" (S. 34) wird zum Motto des Widerstandes gegen das staatliche Überwachungssystem; Diese Parole wird auch während des letzten Prozesses gegen Mia Holl im Gerichtssaal ausgerufen: „Ihr opfert Mia Holl auf dem Altar eurer Verblendung" (S. 257).

Die ideale Geliebte

Eine Erfindung von Moritz, die Mia ermutigt, freiheitlich zu denken und zu hinterfragen

Die ideale Geliebte ist ursprünglich eine Erfindung von Moritz, die er seiner Schwester beim letzten Treffen vor seinem Tod mitgibt. Mia spricht mit ihr wie mit einer tatsächlich anwesenden Person, was andere stets irritiert. Im Grunde nimmt sie in den Dialogen die Rolle von Moritz ein und argumentiert jeweils aus seiner Perspektive. Die ideale Geliebte warnt Mia auch vor potentiellen Feinden, insbesondere vor Kramer, den sie für ein „Monster" (S. 122) hält, das nur darauf aus ist, Moritz als Staatsfeind zu präsentieren.

Antipode zu Mias Angepasstheit

Die Funktion der idealen Geliebten wird im Abschnitt *Die Zaunreiterin* (S. 141–146) besonders gut erkennbar. Sie personifiziert die verborgene Seite von Mia, die in ihrem Bruder ganz zum Vorschein kommt, von Mia aber permanent mittels Rationalität kontrolliert wird. Wenn sie Mia vorwirft, als eine „Hexe" im ursprünglichen Sinne in einem „*Dazwischen*" (S. 144) zu leben, sich weder für die eine noch für die andere Seite zu entscheiden, muss Mia ihr Recht geben, da sie äußerlich zwar versucht, systemtreu zu leben, in Wirklichkeit aber hofft, in Ruhe gelassen zu werden und keine Kontakte pflegen zu müssen (vgl. S. 146). Die ideale Geliebte ist der Antipode zu dem angepassten Leben, das Mia zu führen versucht, obwohl sie spürt, dass das normale Leben zentrale existentielle Aspekte nicht berücksichtigt, vor allem nicht die Freiheit und die Liebe. Nachdem sich Mia klar gegen die „METHODE" entschieden hat, verschwindet auch die ideale Geliebte, bei der es sich in der Realität des Romangeschehens wohl um ein Sofakissen gehandelt haben muss: „Statt der idealen Geliebten hält sie ein Sofakissen im Arm" (S. 192).

Heinrich Kramer

Vertreter der Presse, beeindruckende Erscheinung

Heinrich Kramer wird als Vertreter der vierten Gewalt eingeführt (vgl. S. 16), die Zutritt zu Gerichtsverhandlungen hat und darüber berichtet (vgl. ebd.). Die Kontrollaufgabe der Presse beschreibt er mit den Worten: „Das Auge der vierten Gewalt schläft nie" (ebd.). Der Erzähler beschreibt Kramer bei seinem ersten Auftreten im Gerichtssaal:

> „Er bewegt sich mit der Selbstverständlichkeit eines Mannes, der überall Zutritt hat. Sein Anzug sitzt vorbildlich mit jenem wohldosierten Schuss Unachtsamkeit, ohne den wahre Eleganz nicht auskommen kann. Die Haare sind dunkel, die Augen schwarz, die Glieder lang, aber ohne Schlaksigkeit. Seine Bewegungsabläufe erinnern an die trügerische Gelassenheit einer Raubkatze, die, eben noch mit halb geschlossenen Lidern in der Sonne dösend, im nächsten Augenblick zum Angriff übergehen kann. Nur wer Heinrich Kramer besser kennt, weiß, dass er unruhige Finger hat, deren Zittern er gern verbirgt, indem er die Hände in die Hosentaschen schiebt" (S. 15).

Kramer ist ein systemkonformer Rationalist, intelligent und überzeugter Anhänger der „METHODE"

Kramer wird als höflicher Mann beschrieben, dem korrekte Umgangsformen wichtig sind (vgl. S. 30). Er argumentiert logisch und lässt sich nicht von emotionalen Stimmungen beeinflussen. Er ist ein überzeugter Verfechter der „METHODE". Sein Wunsch, Mia Holl zu porträtieren, resultiert aus dem Wunsch, die Überlegenheit des Systems zu beweisen (vgl. S. 42). Kramer formuliert sein Bekenntnis zum Ideal der „METHODE", die er als einen Ausdruck der Vernunft sieht, weil sie Gesundheit als Synonym für Normalität begreift: „Das Störungsfreie, Fehlerlose, Funktionierende: Nichts anderes taugt zum Ideal" (S. 181). Sie tauge auch deshalb zum Ideal, weil sie eine viel geringere Fehlerquote als andere Systeme habe (vgl. S. 183). Kramer lehnt Widerstand oder Freiheitskampf grundsätzlich ab; Fortschrittsdrang und der Wunsch nach Veränderung würden viele Opfer fordern (vgl. S. 183). Aus rationalen Gründen gebe es keinen Grund, die „METHODE" durch ein anderes System zu ersetzen.

Heinrich Kramer wird bei seinen Auftritten als gesunder, selbstbewusster Mensch beschrieben:

> „Kramer sieht blendend aus. Abgesehen von Hut und Stock, die er als Requisite für den Auftritt als zufälliger Flaneur bei sich führt, ist es vor allem seine aufdringlich gute Laune, die ihn heute zu einer besonders eindrucksvollen Erscheinung macht. Seine Haltung ist noch straffer als sonst, und seine glatt rasierten Wangen strahlen in der bedingungslosen Zuversicht eines gefütterten Säuglings" (S. 116).

Er führt ein völlig angepasstes Leben: Er ist verheiratet, hat zwei Kinder, eine funktionierende, normale Familie (vgl. S. 177). Kramer teilt die das menschliche Leben beeinflussenden Faktoren in zwei Kategorien ein: Die erste Kategorie umfasse solche Ereignisse, die dem Menschen zuträglich sind; die zweite Kategorie umfasse schlechte Ereignisse (vgl. S. 178).

Richterin Sophie

Idealistin, von den Gesundheitsgesetzen überzeugt

Die Richterin Sophie (gr. *sophia*: die Weisheit) wird eingeführt als eine kompetente und durchsetzungsfähige Juristin, die ihre Urteile auf der Basis der geltenden Rechtsordnung fällt und dabei durchaus individuelle Problemlagen der Angeklagten strafmildernd gelten lässt (vgl. S. 12–19). Sie wird als idealistische Frau konzipiert, die Jura studiert, weil sie das Recht liebt und damit etwas Sinnvolles tun möchte (vgl. S. 51). Sie ist von der Unfehlbarkeit der Gesundheitsgesetze überzeugt und wendet sie – solange es das Verhalten des Angeklagten möglich macht – im Vertrauen darauf an, den Beschuldigten dabei zu helfen, wieder auf den richtigen Weg zurückzukehren.

Sophie ist durchsetzungsfähig, kann Härte zeigen

Im Abschnitt *Privatangelegenheit* (S. 57–59) wird sie nicht nur mit ihrer menschenfreundlichen Haltung gezeigt, sondern man erkennt auch ihren Durchsetzungswillen, wenn sie auf Widerstand trifft. Als sich Mia nicht gleich setzen will, reagiert sie scharf und droht ihr mit Konsequenzen: „Nur für einen Moment, kurz wie ein Irrtum, hat man ein böses Gesicht gesehen" (S. 57). Im zweiten Strafverfahren gegen Mia zeigt sie schließlich ihre bislang nur sporadisch vor allem gegen Staatsanwalt Bell erkennbare Härte, die auf der einen Seite aus persönlicher Enttäuschung resultiert, auf der anderen Seite aber aus der Einsicht, eine falsche Personeneinschätzung vorgenommen und sich somit geirrt zu haben: „Noch mehr Schwierigkeiten als das Benutzen des Hammers macht Sophie die Vorstellung, sich in einem Menschen getäuscht zu haben" (S. 98).

Sophie kann emotional sein, bleibt aber juristisch stets korrekt

Richterin Sophie beweist ihre emotionale Seite, wenn sie am Ende der entscheidenden Verhandlung weint (vgl. S. 168), sie empfindet Mitleid mit dem Verteidiger (S. 162) und unterliegt Fehldeutungen, z. B. im Hinblick auf Mias Bereitschaft, sich zu ändern, oder auf Rosentreters Vorfreude auf die Enthüllung, die sie als Nervosität missversteht (vgl. S. 163); gleichzeitig versucht sie stets, sich juristisch korrekt zu verhalten (vgl. S. 162) und das Recht human auszulegen, um dem Angeklagten eine Chance auf Verhaltensänderung zu geben. Sophie will „gut" (S. 163) sein:

> „Zum Gutsein gehört das unbedingte Bemühen, alles richtig zu machen. Wer gut ist, muss einen Fall umfassend beleuchten, auch wenn die Angeklagte unsympathisch ist und die Herren Bell, Hutschneider und Weber zu spät zum Mittagessen kommen. Wer gut ist, muss die Arbeit anderer Menschen respektieren (…)" (S. 163).

Ihre Einwilligung, Material aus dem Prozess gegen Moritz Holl zuzulassen, wird ihr als Fehler angerechnet und bedeutet das Karriereende für sie.

Lutz Rosentreter

Lutz Rosentreter ist der Pflichtverteidiger Mias. Er ist groß, hat längere Haare, wirkt nervös und in den Augen Mias unprofessionell (vgl. S. 70–72). Er macht vor Gericht einen unsicheren Eindruck. Mia hält ihn für einen „angeblich liebenswerten Tölpel" (vgl. S. 72), für einen „große(n) Säugling" (S. 80). Er verspricht zwar, Mia zu helfen (vgl. S. 75), seine prozessstrategischen Empfehlungen erweisen sich aber als schädlich für seine Mandantin, da die Anfechtung der Geldbuße von der Richterin, die Mia im Grund gewogen ist, als Zurückweisung eines „Friedensangebot(s)" (S. 99) angesehen wird und zu einer Verschärfung der Situation Mias führt. Auch der von ihm gestellte Härtefallantrag erweist sich als fatal, da Mia nun kein Verständnis mehr von der Richterin zu erwarten hat, obgleich sie auf dem besten Wege ist, ihre Schwierigkeiten zu überwinden. Rosentreter erweist sich zunächst als dilettantischer Jurist, der seiner Mandantin mehr schadet als nützt und letztlich dafür sorgt, dass seine Mandantin in dem zweiten Prozess zu hohen Strafen verurteilt wird (vgl. S. 98–104).

Unsicheres Auftreten, unauffällig, schüchtern

Lutz Rosentreter instrumentalisiert Mias Fall, um gegen die „METHODE" zu kämpfen; er sieht diesen Kampf als notwendig für das Wohlergehen aller Menschen an (vgl. S. 110). An dieser Stelle des Romans, nach dem zweiten Strafprozess gegen Mia (vgl. S. 105 ff.), entpuppt sich der bislang eher unauffällig und schüchtern wirkende Anwalt als Idealist. Er erklärt sich bereit, Moritz' Fall nochmals zu untersuchen; sein größter Wunsch ist es, die Fehlbarkeit der „METHODE" zu beweisen: „Ich warte seit Jahren auf eine Gelegenheit, der METHODE ein Bein zu stellen" (S. 115).

Rosentreter instrumentalisiert Mias Fall

Lutz Rosentreter recherchiert akribisch und findet schließlich den Stammzellenspender und damit den mutmaßlichen Mör-

Rosentreter beweist Moritz' Unschuld und die Anfälligkeit der „METHODE"

der von Sibylle Meiler. Somit kann er Moritz' Unschuld und die Fehlerhaftigkeit der „METHODE" beweisen. Rosentreter wirkt unbeholfen und wird schnell nervös (vgl. S. 162 f.), er wirkt zuweilen naiv und inkompetent, in der entscheidenden Verhandlung ist er sich aber der politischen Sprengkraft seiner Entdeckung bewusst und lässt sich weder durch die Richterin noch durch Kramer davon abhalten, seine Erkenntnisse zu referieren (vgl. S. 164–167). An dieser Stelle beweist er Mut.

Da Rosentreter kein brillanter Jura-Student war (vgl. S. 172), kommt der Erfolg vor Gericht für ihn überraschend und ist lang ersehnt; „sein halbes Leben" (S. 172) habe er darauf gewartet.

Durch Rosentreters Gnadengesuch wird Mia die erhoffte Märtyrerrolle versagt

Im Hochverratsprozess gegen Mia verzichtet Rosentreter ganz auf eine Verteidigung Mias, möglicherweise weil er die Vergeblichkeit der Bemühung einsieht; sein Gnadengesuch, dem stattgegeben wird, bewirkt eine Aussetzung der Urteilsvollstreckung und nimmt Mia damit die erhoffte Märtyrerrolle, mit der sie ihrem offenkundig verlorenen Kampf gegen das System einen letzten Sinn geben will.

Die Hausbewohnerinnen: Driss, Lizzie und die Pollsche

Verlängerter Arm der staatlichen Kontrolle

Der Pollschen und Lizzie ist es wichtig, dass das Haus, in dem sie zusammen mit Mia wohnen, seinen Status als „Wächterhaus" nicht verliert. Daher überwachen sie, ob sich alle Bewohner an die geltenden Gesundheitsvorschriften halten. Im Grunde sind sie ein verlängerter Arm der staatlichen Kontrolle in den privaten Wohnbereich hinein (vgl. S. 77 f.). Driss dagegen bewundert Mia („größte Bewunderin (...) von Mia Holl und Heinrich Kramer", S. 78) und bedauert es ehrlich, dass ihre Sorge, es könnte in Mias Wohnung brennen, so viel Ärger hervorruft (vgl. S. 78). Sie bezieht immer klarer Stellung für Mia und wird im Schlussprozess aus dem Zeugenstand von Sicherheitswächtern abgeführt, da sie Mia als Märtyrerin bezeichnet (vgl. S. 256) und zudem der Widerstandsparole „Ihr opfert Mia Holl auf dem Altar eurer Verblendung" (S. 257) zustimmt.

Mia (Anne Ratte-Polle) und Moritz (Christoph Luser) im Theaterstück *Corpus Delicti*, das während der Ruhrtriennale 2007 uraufgeführt wurde (Regie: Anja Gronau) © picture-alliance/dpa | Bernd Thissen

Würmer

Er ist der Moderator der Sendung „WAS ALLE DENKEN" und wird als Bewunderer von Heinrich Kramer eingeführt, der glücklich darüber ist, dass der berühmte Mann die Einladung zu seiner Sendung angenommen hat (vgl. S. 83 f.). Nach der Veröffentlichung von Mias Stellungnahme fordert er mutig und in offenkundiger Selbstüberschätzung eine Grundsatzdiskussion im Methodenrat (vgl. S. 196). Diese Forderung wird staatlicherseits als Bedrohung eingestuft; aus diesem Grund wird er als der „Niemand" identifiziert, mit dem sich Mia mehrfach getroffen haben will. Als Kronzeuge belastet er mit seiner falschen Aussage Mia schwer (vgl. S. 214–219). Er ist ein Beispiel für die Macht des staatlichen Systems.

Fernsehmoderator, wird von der Macht instrumentalisiert und als Kronzeuge gegen Mia eingesetzt

3.5 Sachliche und sprachliche Erläuterungen

Seite	Begriff	Erläuterung
Titel und S. 218	*Corpus Delicti*	juristischer Fachbegriff, bezeichnet ein Beweisstück vor Gericht
8	**Heinrich Kramer**	Anspielung auf den Autor des berüchtigten *Hexenhammers* (lat. *Malleus Maleficarum*) aus dem 15. Jahrhundert, der eine Grundlage der Hexenverfolgung war. Der Autor war Dominikanermönch und hieß Heinrich Kramer (lat. Henricus Institoris).
9	**Mia Holl**	Das historische Vorbild könnte Maria Holl (1649–1634) sein, die in Nördlingen/Bayern der Hexerei bezichtigt, gefoltert und freigesprochen wurde.
9	**Schwurgericht**	Ein Schwurgericht besteht aus drei hauptamtlichen Richtern und zwei Schöffen (früher 12 Geschworenen), die über Tötungsdelikte urteilen.
9	**Schöffen**	ehrenamtliche Richter (nicht zwangsläufig mit juristischer Ausbildung), die an Strafprozessen mitwirken
12	**Justitia**	in der römischen Mythologie: Göttin der Gerechtigkeit, übertragen: Sinnbild der Gerechtigkeit
12	**Güteverhandlung**	Verfahren zur einvernehmlichen Beilegung eines Rechtsstreites
13	**Vertreter des privaten Interesses**	Verteidiger
13	**Bagatelldelikt**	geringfügige Straftat
14	**Kernspintomographie**	bildgebendes Diagnoseverfahren zur Untersuchung von Organen und Körpergewebe
14	**Ethanol**	„Alkohol"
14	**Screening**	hier als medizinischer Begriff: „Vorsorgeuntersuchung"
14	**zerebrale Störung**	Fehlfunktion im Gehirn
14	**allergische Sensibilität**	hohe Anfälligkeit für die Entwicklung einer Allergie (Abwehrreaktion des körpereigenen Immunsystems auf im Grunde harmlose Alltagsstoffe)
15	**Santé**	frz. „Gesundheit"
16	**Maßregelvollzug**	Strafvollzug psychisch kranker Täter

Seite	Begriff	Erläuterung
21	**„GESUNDER MENSCHEN-VERSTAND"**	fiktive Zeitschrift, die sich durch ihre Treue zum herrschenden politischen System auszeichnet und sich als wichtige Waffe im Kampf gegen die Methodenfeinde versteht
22	**Wächterhaus**	Wohnhaus, in dem die Bewohner selbst die Einhaltung der Gesundheitsvorschriften kontrollieren und die daher finanzielle Vergünstigungen erhalten
22	**Prophylaxe**	Vorbeugung
28	**Oktave**	Intervall von acht Tönen
31	**Immunsystem**	körpereigenes Abwehrsystem
31	**Schwadron**	kleinste Einheit in der Kavallerie
33	**Blind Date**	verabredetes Treffen mit einer unbekannten Person, meist zur Anbahnung einer persönlichen Beziehung/Partnerschaft
38	***per definitionem***	aufgrund der Erklärung des Begriffs
39	**romantische Anachronismen**	verklärende, unmoderne Einstellung
39	**Sophisterei**	Haarspalterei, Spitzfindigkeit
48	**Fanatiker**	Person, die von einer Weltanschauung so sehr überzeugt ist, dass sie rücksichtslos auf ihrer Gültigkeit besteht
49	**Synapse**	Verbindung zwischen zwei Nervenzellen
59	**Querulantentum**	Verhaltensweise, die stur auf einem (oft vermeintlichen) Recht besteht
61	***deep throat***	Form des Oralverkehrs
61	**Haupthisto-kompatibilitäts-komplex**	Gruppe von Genen, die zur Bestimmung der individuellen immunologischen Identität nötig sind
62	**Mikroben**	Keime, Erreger
64	**aus rein nostalgi-schen Gründen**	Nostalgie: Sehnsucht nach der Vergangenheit, Wehmut
64	**zweidimensional**	flächig erscheinende Wiedergabe
66	**ergonomische Richtlinien**	Regeln für die Gestaltung von Arbeitsinstrumenten, die optimal an die gesundheitlichen Bedürfnisse des arbeitenden Menschen angepasst sind
68	**süffisant**	spöttisch, selbstgefällig

3.5 Sachliche und sprachliche Erläuterungen

Seite	Begriff	Erläuterung
71	**Procedere**	Vorgehensweise
74	**spitzbübische Miene**	verschmitzter, schalkhafter Gesichtsausdruck
75	**Mandant**	Kunde (eines Rechtsanwaltes)
77	**denunzieren**	verraten
81	**Narzissmus**	Ich-Bezogenheit
84	**irrational**	nicht vernunftgemäß
84	**Hysterie**	Aufregung, Panik
84	**reaktionär**	unzeitgemäß, rückschrittlich
84	**Missverständnis der Aufklärung**	Die Überzeugung der Aufklärung ist es, dass der richtige Gebrauch des Verstandes allen Menschen möglich ist und humanes Handeln zur Folge hat. Als „Missverständnis" bezeichnet Kramer den Umstand, dass die Freiheit, vernünftige Schlüsse ziehen zu dürfen, auch die Freiheit beinhaltet, sich für Krankheit entscheiden zu dürfen.
85	**Zynismus**	boshafter Spott, Hohn
86	**banal**	unauffällig, unbedeutend
88	**Entideologisierung**	Abbau von universale Gültigkeit beanspruchenden Weltanschauungen
89	**Loyalität**	Aufrichtigkeit, Ehrlichkeit, Anstand
90	**Ritual**	immer gleich bleibender Ablauf bestimmter Handlungen (meist im religiösen Kontext)
91	**Protein-Konserve**	Eiweiße sind lebenswichtige chemische Verbindungen für den menschlichen Körper und v. a. in Fleisch, Fisch, Eiern, Milchprodukten und Hülsenfrüchten enthalten.
91	***doggy style***	„Hündchenstellung", ventro-dorsale Kopulation
94	**mythisches Mäntelchen**	abwertend für eine Argumentationsweise, die sich auf scheinbare märchen- bzw. sagenhafte oder sogar metaphysische Zusammenhänge stützt
105	***Which side are you on***	Protestsong von Florence Reece 1931
107	**Kolloquium**	wissenschaftliches Gespräch

Seite	Begriff	Erläuterung
110	**Präambel**	Erklärung am Beginn einer besonders wichtigen Urkunde (z. B. Präambel des Grundgesetzes)
114	**Rationalist**	Mensch, der sich auf die alleinige Gültigkeit von durch die Vernunft zustande gekommenen Urteilen verlässt
116	**Requisite**	Ausstattung
119	**akribisch**	besonders genau
123	**Prolog**	Vorwort
124	**Leukämie**	Blutkrebs
126	**dialektische Art**	Denkweise, bei der These und Gegenthese berücksichtigt werden
127	**Nihilist**	Mensch, der ethische Überzeugungen verneint
127	**Rhetorik**	Redekunst
128	**Ikone**	bildliche Darstellung eines Heiligen
128	**Rousseau**	Jean-Jacques Rousseau (1712–1778), bedeutender Rationalist
128	**Dostojewski**	Fjodor Michailowitsch Dostojewski (1821–1881), bedeutender russischer Schriftsteller, der sich in seinen Werken mit existentiellen Grundfragen befasst
128	**Orwell**	George Orwell (1903–1950), Schriftsteller, Verfasser der negativen Utopie eines alles kontrollierenden Staates in *1984*
128	**Musil**	Robert Musil (1880–1942), Autor des Romans *Der Mann ohne Eigenschaften*, der als Schlüsselroman für die Analyse der geistigen Voraussetzungen des 1. Weltkrieges gelesen wird
128	**Kramer**	Heinrich Kramer, fiktive Romanfigur in *Corpus Delicti*, Autor des programmatischen Werkes über *Gesundheit als Prinzip staatlicher Legitimation*
128	**Agamben**	Giorgio Agamben (*1942), italienischer Philosoph, der die Vereinnahmung des Einzelnen durch den modernen Staat und das Außer-Kraft-Setzen von Freiheitsrechten zugunsten von verschärften Sicherheitsbestimmungen und zur Abwehr von Terroranschlägen kritisiert
144	**Hagazussa**	althochdeutsches Wort für „Hexe"
151	**Passionsweg**	Weg mit den einzelnen Leidensstationen Christi von der Verurteilung bis zur Grablegung

3.5 Sachliche und sprachliche Erläuterungen

Seite	Begriff	Erläuterung
156	**Kalauer**	einfaches Wortspiel, platter, anspruchsloser Witz
164 f.	**Leukozyten**	weiße Blutkörperchen
164	**monoklonale Antikörper**	Proteine, die der Immunabwehr dienen, werden z. B. in der Krebstherapie verwendet
168	**Lipide und Mucine**	Tränenfilm besteht aus drei Schichten: Mucinschicht (dünne Schleimschicht auf der Augenoberfläche), wässrige Mittelschicht und Lipidschicht (dünne Fettschicht zur Luft hin)
171	**Oratorium/ Ouvertüre**	musikalische Vertonung meist geistlicher Lehrinhalte/Eröffnung eines Oratoriums oder einer Oper
173	**Kastagnetten**	Perkussionsinstrument, das aus zwei muschelförmigen Klappern besteht, die gegeneinander geschlagen werden
173	***Pas de deux***	Duett eines Tänzers und einer Tänzerin
175	***pluralis majestatis***	Nennung der eigenen Person im Plural („Wir“)
179	**konvertieren**	zu einem anderen Glauben übertreten
179	**Opportunist**	Person, die nicht aus Überzeugung handelt, sondern aufgrund von Zwecküberlegungen
181	***d'accord***	frz. „einverstanden“
182	**infantiler Partisanenstolz**	Partisanen sind meist regional gebundene Kämpfer, die nicht zur offiziellen Armee gehören und mittels Sabotage oder Angriffe auf kleine Feindverbände agieren. Der Ausdruck ist hier abwertend gemeint und charakterisiert eine Haltung, bei der sich kindische Freude über etwas in einem unbedeutenden Bereich Errungene einstellt.
186	**Zirkelschluss**	Argumentationsweise, bei der das, was bewiesen werden soll, bereits in der These enthalten ist (aus A folgt B und aus B folgt A), z.B.: „Ich glaube an Wunder, weil sie in der Bibel beschrieben werden, und ich glaube der Bibel, weil in ihr Wunder beschrieben werden.“
188	**Pamphlet**	Schmähschrift
190	**Märtyrer**	Mensch, der in Kauf nimmt, von seinen Gegnern wegen seiner Überzeugung getötet zu werden
200	**Nukleinsäure**	Basissubstanz der Erbanlage

Seite	Begriff	Erläuterung
204	**David gegen Goliath**	Erzählung aus 1. Sam. 17, in der der Israelit David den an Körpergröße überlegenen Philister Goliath mithilfe seiner Steinschleuder im Zweikampf besiegt
221	**Obsession/ Masochismus**	Besessenheit/selbstquälerisches Verhalten
222	**Gaumensegel/ Stimmritze**	hinterer Teil des Gaumens, der nach unten Richtung Zungenwurzel ragt/Glottis, Ritze zwischen den beiden Stimmbändern
223	**Botulinum**	Nervengift, das in Form von „Botox" in der Schönheitschirurgie verwendet wird
227	**perfide**	besonders hinterhältig, gemein
232	*vade retro*	„Geh hinfort" – Anspielung auf Matthäus 4, 10, wo Jesus dem Teufel befiehlt, fortzugehen
233	**Prager Fenstersturz, Sturm auf die Bastille, Thronfolgermord in Sarajevo**	Prager Fenstersturz (1618) gilt als Auslöser des 30-jährigen Krieges, Sturm auf die Bastille (1789) als Auslöser der Französischen Revolution, Thronfolgermord in Sarajevo (1914) als Auslöser des 1. Weltkrieges
240	**Spasmen**	unwillkürliche Zuckungen
242	**Konterfei**	Gesicht
242	**Kollateralschäden**	Begleitschäden
253	**Emphase**	Nachdruck
260	**Neopren-Anzug**	aus synthetischem Kautschuk hergestellte Bekleidung von Tauchern, Surfern und Schwimmern, die vor Auskühlung des Körpers schützt
262	**Exil**	Verbannung
263	**Jeanne d'Arc**	frz. Nationalheldin (ca. 1412–1431), die im Hundertjährigen Krieg den französischen Truppen zu einem Sieg über die englischen Truppen verhalf, später verraten, hingerichtet und heilig gesprochen wurde

3.6 Stil und Sprache

Zusammenfassung

Der Roman ist in Alltagssprache verfasst. Zuweilen werden Texte aus fiktiven Quellen bzw. pragmatischen Kontexten (juristische Texte) zitiert (Montagetechnik). Fiktive Ideologeme („METHODE“) sind in die Erzähltexte eingebaut. Die Erzählweise lässt sich als extradiegetisch-heterodiegetisch beschreiben, dabei überwiegen im Hinblick auf das Wissen des Erzählers und dem einer Figur die interne und externe Fokalisierung (zuweilen tritt auch Null-Fokalisierung auf), mit den Begriffen von Franz Karl Stanzel ausgedrückt: Es dominieren die personale und die neutrale Erzählperspektive, zuweilen finden sich auch auktoriale Passagen.

Erzählperspektive

Der Erzähler ist nicht Teil der erzählten Welt („heterodiegetisch“), es tritt zwar durch das vor dem Handlungsbeginn zitierte Urteil eine Art Rahmenhandlung auf, allerdings wird kein neuer Erzähler eingeführt, sodass man von einem extradiegetischen Erzähler sprechen kann.

Die Sicht, aus der erzählt wird, ist nicht einheitlich:

Überwiegend personale Erzählperspektive

- Der Erzähler ist überwiegend nah bei Mia Holl, sodass es sich hier um eine interne Fokalisierung („personaler Erzähler“) handelt.
- Zuweilen findet sich in den Stellen der Wiedergabe eines Buchzitates (vgl. S. 7 f.), eines Urteils (vgl. S. 9 f.) oder eines Zeitungskommentars (vgl. S. 138–140) auch eine neutrale Fokalisierung (neutrale Erzählperspektive).
- Schließlich erweckt der Erzähler aber auch den Anschein, als nullfokalisierter (auktorialer) Erzähler aufzutreten, da er über Sachverhalte Bescheid weiß, die in der Zukunft

liegen („Prolepse"), so beispielsweise auf S. 162, wenn er die Zulassung verfahrensrelevanten Materials aus der Strafsache „Moritz Holl" als das berufliche Todesurteil der Richterin Sophie bezeichnet oder wenn er vorausblickend festhält, dass Mia die Richterin nicht mehr wiedersehen werde (vgl. S. 168).

Zuweilen sind die Aussagen des Erzählers nicht zuverlässig:

- Als intern fokalisierter Erzähler („personale Erzählperspektive") ist er häufig nahe bei der Protagonistin des Romans, Mia Holl, gleichzeitig weiß er als nullfokalisierter Erzähler („auktoriale Erzählperspektive") über deren Schicksal, das er erzählt, genau Bescheid; dies wird beispielsweise auch in den Schlusssätzen deutlich, als der Erzähler versichert, dass nun „wirklich alles zu Ende" (S. 264) sei.
- Doch zuweilen muss der interne/nullfokalisierte Erzähler ebenfalls Vermutungen anstellen und zugestehen, dass er nicht alles weiß: „Mia tritt in die Pedale und denkt an – was? Gehen wir der Einfachheit halber davon aus, dass sie an Moritz denkt" (S. 79). Hier haben wir es mit einem unzuverlässigen Erzähler zu tun, der aber sein eigenes Unwissen thematisiert; für die Glaubwürdigkeit der Stellen, an denen der Erzähler wieder allwissend erscheint (z. B. bei der oben zitierten Schlussstelle), hat dieses eingeschränkte Wissen Folgen. Juli Zeh hat sich bewusst für die Konzeption des unzuverlässigen Erzählers entschieden, in *Treideln* führt sie dazu aus:

Bewusste Wahl eines unzuverlässigen Erzählers

> „Ein personales Ich, weit entfernt davon, allwissend zu sein, im Gegenteil den Fähigkeiten des Meisterdetektivs weit unterlegen. Und doch heimlicher Chef der Hauptfigur, weil uneingeschränkter Herrscher über das Erzählgeschehen. Ein auktorialer Ich-Erzähler."[7]

7 Zeh 2015, S. 60.

Den Grund für die Wahl dieser Perspektive sieht sie in einer dem Konstruktivismus zuzurechnenden Auffassung von Realität, die als eine Konstruktion von individuellen Eindrücken betrachtet wird, ohne dass eine letztverbindliche Deutung der Wahrnehmung gegeben werden kann:

> „Ich mag erzählende Illusionisten. Sie passen zu unserem Weltbild, das die Wirklichkeit doch eher als eine Schichtung von subjektiven Perspektiven, Erzählungen und Erfindungen betrachtet denn als allgemeinverbindliche Angelegenheit.“[8]

Narrative Struktur

Episodenstil

Die narrative Struktur des Romans ist durch den Episodenstil geprägt. Der Begriff „Episode“ (gr. „epeisodion“) bezeichnet literaturwissenschaftlich eine Nebenhandlung oder **in sich abgeschlossene Einschübe** in narrativen Texten. Diese Einschübe finden sich im Roman vor allem im den Hauptteil des Romans einnehmenden Rückblick auf die Ereignisse bis zur Verkündung des bereits am Romanbeginn zitierten Urteils. Im Verlaufe des **chronologisch strukturierten Rückblicks** treten weitere sechs Analepsen auf, die jeweils blitzlichtartig zentrale Momente in der Beziehung der Geschwister schildern (vgl. S. 57 dieser Erläuterung).

Wortwahl

Bedeutung der Figurennamen

Die Verbindung der Geschwister wird durch ihre gleich anlautenden Vornamen („Alliteration“) unterstrichen. Einige Figuren tragen **sprechende Namen**, d. h., dass die Wahl des Namens auf ein Charaktermerkmal hinweist: „Würmer“ beispielsweise wird von Kramer instrumentalisiert, der Verteidiger Rosentreter ist verantwortlich für die Eskalation des Konfliktes und berücksichtigt

8 Ebd., S. 151 f.

gerade nicht den ausdrücklichen Ruhe-Wunsch von Mia, Staatsanwalt Bell wird als impulsiver Verfechter einer strengen Auslegung der Gesetze vorgestellt, Richterin Sophie trägt den eigenen Anspruch an die Qualität ihrer Rechtsprechung im Vornamen (gr. „Weisheit"). Für die Namenwahl „Bell" und „Rosentreter" dürfte gelten, was Zeh in ihren Frankfurter Poetikvorlesungen ausgeführt hat, dass sie nämlich eine Vorliebe für solche Namen habe, die aus Verben entstanden sind: „Es ist schön, wenn sich die Namen von Hauptfiguren in Tätigkeitsbezeichnungen umwandeln lassen, aus denen sie nicht selten vor langer Zeit entstanden sind."[9]

Die Dialogform dominiert den Text

Der Roman besteht – möglicherweise der Tatsache geschuldet, dass der Roman zunächst als Drama konzipiert war – zu einem großen Teil aus Dialogen, selbst die Schilderung innerer Prozesse von Mia wird überwiegend in Dialogform mit einer fiktiven idealen Geliebten, also einer weiteren, auf der Bühne darstellbaren Figur vollzogen. Die Erzählersprache und die Sprache in den Dialogen suggerieren eine Nähe zur Alltagssprache und dadurch die Unmittelbarkeit der gesprochenen Sprache.

Es handelt sich insbesondere in den Dialogen um eine **der Alltagssprache angenäherte Kunstsprache**, die sich verschiedener sprachlicher Mittel bedient:

- Auf der Ebene der Syntax findet sich ein einfacher, oft parataktisch angelegter Satzbau, der einen lakonischen Stil realisiert und teilweise von konzeptioneller Mündlichkeit beeinflusst ist, die Mündlichkeit aber nicht realistisch wiedergibt.
- Den Einfluss der Mündlichkeit kann man z. B. in unvollständigen Syntagmen finden, beispielsweise in: „‚Antrag!', ruft Bell. (...) ‚Abgelehnt', sagt Sophie" (S. 68).

9 Ebd., S. 26.

- Auffällig sind umgangssprachliche, aber auch fäkalsprachliche Wendungen: „Wollen Sie mich eigentlich verarschen?" (S. 66) – die situative Unangemessenheit der fäkalsprachlichen Wendung im Kontext einer Gerichtsverhandlung macht die Enttäuschung von Richterin Sophie besonders deutlich.

Neben der Nähe zur Alltagssprache fällt der **Gebrauch medizinischer und juristischer Fachtermini** auf, beispielsweise:
- „allergische Sensibilität" (S. 14),
- „Kernspintomographie" (S. 14),
- „Lipide und Mucine" (S. 168),
- „monoklonale Antikörper" (S. 164 f.),
- „Leukozyten" (S. 164),
- „Haupthistokompatibilitätskomplex" (S. 61),
- „Güteverhandlung" (S. 12),
- Maßregelvollzug (S. 16),
- „Härtefallantrag" (S. 101),
- „Corpus Delicti" (Titel und S. 218).

Der **Ideologiesprache** zuzurechnen sind Ausdrücke wie:
- „Im Namen der METHODE" (S. 9),
- „methodenfeindliche Umtriebe" (S. 9),
- „WAS ALLE DENKEN" (S. 83),
- „GESUNDER MENSCHENVERSTAND" (S. 138),
- „R.A.K." (S. 64, = „Recht auf Krankheit"),
- „Anti-Methodismus" (S. 141),
- „Methodenschutz" (S. 109),
- „Wächterhaus" (S. 22),
- „GStPO" (S. 68, = „Gesundheitsstrafprozessordnung").

3.7 Interpretationsansätze

Zusammenfassung

Zwei Interpretationsansätze bieten sich an:
Corpus Delicti ist

- ein politisches Buch, das sich thematisch-inhaltlich vor allem mit der durch die immer perfekter werdenden technischen Instrumente der staatlichen Überwachung des Individuums auseinandersetzt.
- ein Werk, das formal-gattungsmäßig als Science-Fiction-Roman zu begreifen ist, da die Erzählgegenwart in der Zukunft angesiedelt ist; genremäßig handelt es sich um einen dystopischen Roman.

Corpus Delicti als politischer Roman

Konflikt zweier weltanschaulicher Positionen

Im Roman geht es um den Konflikt zweier weltanschaulicher Positionen, das Recht des Staates steht gegen das Recht des Individuums. In den Protagonisten Heinrich Kramer und Mia Holl werden die konträren Positionen typenartig personifiziert:

Das Recht des Staates

Heinrich Kramers Position

Die Position der „METHODE", wie sie Heinrich Kramer repräsentiert, ist von einem rationalistischen Welt- und Menschbild bestimmt. Bezugsbegriff und Bezugsgröße ist die Gesundheit, die das Leitbild des Staates ausmacht und seine hoheitlichen Akte legitimiert. Das grundlegende politische Werk einer solchen staatlichen Verfasstheit trägt denn auch den – fiktiven – Titel *Gesundheit als Prinzip staatlicher Legitimation*; Heinrich Kramer definiert darin Gesundheit als einen

> „Zustand des vollkommenen körperlichen, geistigen und sozialen Wohlbefindens – und nicht die bloße Abwesenheit von Krankheit. (...) Gesundheit ist nicht Durchschnitt, sondern ge-

steigerte Norm und individuelle Höchstleistung. Sie ist sichtbar gewordener Wille, ein Ausdruck von Willensstärke in Dauerhaftigkeit" (S. 7).

Mit der Ausweitung der Begriffsspanne über den individuellen Bereich hinaus und in den sozialen Raum hinein schafft Kramer die argumentative Basis für die These, dass Gesundheit dann eben nicht mehr eine private Angelegenheit ist, wenn sie maßgebliche Auswirkungen auf die Allgemeinheit hat: „Gesundheit führt über die Vollendung des Einzelnen zur Vollkommenheit des gesellschaftlichen Zusammenseins. Gesundheit ist das Ziel des natürlichen Lebenswillens und deshalb natürliches Ziel von Gesellschaft, Recht und Politik" (ebd.). Mit der These, dass Gesundheit das „Ziel natürlichen Lebenswillens" sei, setzt Kramer die Norm, die es erlaubt, Andersmeinende zu pathologisieren; daher ist es folgerichtig, wenn er schreibt: „Ein Mensch, der nicht nach Gesundheit strebt, wird nicht krank, sondern ist es schon" (S. 7 f.).

Eine im Kern faschistische Ideologie

Auch wenn Gesundheit unbestritten im Grunde einen erstrebenswerten Zustand darstellt, so ist die von Kramer formulierte politische Position dennoch die einer im Kern faschistischen Ideologie, die Widerspruch nicht duldet und daher strikt dualistisch und ohne Differenzierung ausschließlich zwischen Befürwortern und Gegnern unterscheidet. Das faschistische System geht erbarmungslos und konsequent gegen seine Gegner vor und nutzt dafür alle einschlägigen Mittel eines staatlichen Überwachungs- und Kontrollapparates bis hin zum Aufruf, sich gegenseitig zu bespitzeln und verdächtige Personen zu denunzieren.

In dem fiktiven Kommentar *Bedrohung verlangt Wachsamkeit* (S.138 f.) beschreibt Heinrich Kramer zum einen eine massive Gefährdungslage, zum anderen akzentuiert er aber auch das staatliche Kontrollpotential deutlich, das in dem Hinweis, dass Bürger sich gegenseitig kontrollieren sollen, gipfelt. Der Kommentar zeichnet das Bild eines totalitären Überwachungsstaats:

> „Die Gefährdung unseres Landes durch radikale Widerstandsgruppen erhöht sich von Tag zu Tag. Es ist an der Zeit, dass sich Politik und Öffentlichkeit den Tatsachen stellen. Es leben Menschen unter uns, die einen völlig unverdächtigen Lebenswandel führen und doch die Bereitschaft in sich tragen, auf gewalttätige Weise gegen die METHODE und damit gegen jeden Einzelnen von uns zu kämpfen. Jederzeit können harmlos wirkende Nachbarn, Bekannte, Kollegen oder Kommilitonen für einen Anschlag aktiviert werden. Die Tätertypologie der Terroristen ist aufgrund der Tarnung in alltäglichen Lebens- und Arbeitswelten schwer zu erfassen. Zwar liegen dem Methodenschutz umfassende Kenntnisse über operative Ressourcen, Agitationspläne und Kommunikationsstrukturen in den Kernzellen der R.A.K. vor. Das Netzwerk aus Sympathisanten, fanatisierten Einzelkämpfern und unabhängigen Widerstandsgruppen ist jedoch weit und selbst bei sorgfältigster Sicherheitsarbeit kaum zu überblicken. (...) Für die Experten liegt es jedoch nahe, einen Zusammenhang mit dem Tod des 27-jährigen Studenten Moritz Holl zu vermuten. (...)
> Die Behörden tun alles, um jeden einzelnen Bürger zu schützen. Aber sie sind auf unsere Unterstützung angewiesen. Zivile Wachsamkeit ist gefragt. Methodenschutz geht alle an und darf nicht zum hilflosen Selbstbetrug eines wohlmeinenden und friedliebenden Systems verkommen. Bürger, haltet die Augen offen!" (S. 138–140)

Kramers Kommentar zeichnet das Bild eines totalitären Überwachungsstaats

Das System bedient sich nicht nur der modernen Massenmedien zur Verbreitung seiner Ideologie, sondern benutzt auch die eher mittelalterliche Methode der Folter zur Geständniserwirkung, Schauprozesse wie der gegen Mia Holl dienen der Abschreckung von Sympathisanten. Der Verzicht auf die Todesstrafe ist nur scheinbar ein humanes Zugeständnis im Lichte des zentralen Begriffs der Gesundheit; das mittelalterliche Verbrennen von Häretikern und Ketzern ist durch die Strafe des Einfrierens auf

Moderne Massenmedien UND mittelalterliche Methoden

unbestimmte Zeit ersetzt worden. Moritz Holl charakterisiert diese Strafform treffend, wenn er sagt, dass dem Verurteilten dadurch die letzte Fluchtmöglichkeit vor dem Staat genommen worden sei, der letzte Ausweg in die Freiheit: „Wer stirbt, entwischt. Wer eingefroren wird, gehört endgültig dem System. Als Jagdtrophäe" (S. 231).

Der Umstand, dass Mia Holl schließlich begnadigt wird, ist innenpolitischen Überlegungen geschuldet, da die „METHODE" mit allen Mitteln verhindern möchte, dass Mia und ihr Bruder zu Märtyrern ihrer Glaubensüberzeugungen stilisiert werden. Die Begnadigung und die angeordnete Umerziehung sollen dazu dienen – so lautet das politische Kalkül –, Mias Widerstand endgültig zu brechen und sie der medialen Vergessenheit anheimzustellen. Im Roman setzt sich die „METHODE" schließlich mit ihrem Welt- und Menschenbild durch und es gelingt Mia nicht, ihre Position zu behaupten oder sich zumindest in der Öffentlichkeit als Märtyrerin darzustellen.

Das Recht des Individuums

Mia Holls Position

Mia Holl formuliert ihre Position programmatisch im „Pamphlet" (S. 188), das sie Heinrich Kramer diktiert. Die einzelnen Elemente ihrer Überzeugung lassen sich bei genauerer Betrachtung der einzelnen Aussagen gewinnen, die anaphorisch mit „Ich entziehe" aneinandergereiht sind; diese „Entzugsformeln", wie wir sie nennen, werden der Reihe nach kommentiert (alle Zitate der Entzugsformeln stammen aus dem Abschnitt *Wie die Frage lautet*, S. 186 f.):

1. Entzugsformel:

> „Ich entziehe einer Gesellschaft das Vertrauen, die aus Menschen besteht und trotzdem auf der Angst vor dem Menschlichen gründet."

Kern dieses Vorwurfs ist, dass die Gesellschaft elementare Aspekte des Mensch-Seins (wie z. B. Krankheit oder Freiheit) nicht nur negiert, sondern sogar als schädlich ansieht. Positiv gewendet steht hinter dem Vorwurf die ideale Vorstellung einer humanen Gesellschaft, die die Bedürfnisse und Rechte des Individuums ernst nimmt.

Negierung elementarer Aspekte des Mensch-Seins

2. Entzugsformel:

> „Ich entziehe einer Zivilisation das Vertrauen, die den Geist an den Körper verraten hat. Ich entziehe einem Körper das Vertrauen, der nicht mein eigenes Fleisch und Blut, sondern eine kollektive Vision vom Normalkörper darstellen soll."

In diesem Vorwurf geht es um das dichotomische Verhältnis von Körper und Geist. Eine Gesellschaft, für die physische Gesundheit den obersten Wert darstellt, lässt die geistigen Bedürfnisse des Menschen außer Acht. Physische Gesundheit ist mit geistiger Gesundheit nicht gleichzusetzen. Gleichzeitig wird der eigene Körper entindividualisiert, wenn er nur dann als gesund betrachtet wird, wenn er einem „normalen Maßstab" entspricht. Dieser normaler Maßstab wird vom Staat definiert. Positiv gewendet steht hinter dem Vorwurf die Idee, dass Körper und Geist gleichermaßen zum Mensch-Sein gehören und jeweils ganz individuell ausgeprägt sind.

Vernachlässigung des Geistes

3. Entzugsformel:

> „Ich entziehe einer Normalität das Vertrauen, die sich selbst als Gesundheit definiert. Ich entziehe einer Gesundheit das Vertrauen, die sich selbst als Normalität definiert. Ich entziehe einem Herrschaftssystem das Vertrauen, das sich auf Zirkelschlüsse stützt."

Gegen die Zirkelschluss-Logik

Das, was der Staat für „normal" erachtet, setzt er mit einem gesunden Leben gleich; das gesunde Leben ist daher normal. In diesem Zirkelschluss wird am Ende bewiesen, was bereits in der vorausgesetzten These enthalten war. Der Vorwurf lautet, dass sich die „METHODE" auf solche Zirkelschlüsse stützt. Positiv gewendet steht hinter dem Vorwurf ein Appell, Verschiedenartigkeit nicht zu negieren, sondern als Bestandteil von „Normalität" zu betrachten.

4. Entzugsformel:

„Ich entziehe einer Sicherheit das Vertrauen, die eine letztmögliche Antwort sein will, ohne zu verraten, wie die Frage lautet."

Sicherheit vor welcher Gefahr?

Der Staat offeriert Sicherheit, wenn sich seine Bürger an die Gesetze halten. Die Frage, vor welcher Gefahr der Staat diese Sicherheit bietet, was also eintreten würde, wenn diese Sicherheit nicht mehr gewährt wäre, bleibt unbeantwortet.

5. Entzugsformel:

„Ich entziehe einer Philosophie das Vertrauen, die vorgibt, dass die Auseinandersetzung mit existentiellen Problemen beendet sei. Ich entziehe einer Moral das Vertrauen, die zu faul ist, sich dem Paradoxon von Gut und Böse zu stellen und sich lieber an ‚funktioniert' oder ‚funktioniert nicht' hält. Ich entziehe einem Recht das Vertrauen, das seine Erfolge einer vollständigen Kontrolle des Bürgers verdankt."

Recht fungiert nur noch als Überwachungsmittel

In dieser Formel werden die Bereiche „Philosophie", „Moral" und „Recht" zusammengefasst, das sind drei Bereiche, die dem menschlichen Leben in individueller und sozialer Hinsicht Orientierungshilfen geben sollen. Philosophische Reflexionen setzen sich stets mit Grundfragen des menschlichen Daseins auseinander; diese Auseinandersetzung wird obsolet, wenn die „METHODE" behauptet, die einzig wahre Lösung für alle Grundfragen zu besitzen. Moralische Reflexionen drehen sich traditionell um die Frage nach richtigem und falschem Handeln und thematisieren die Dichotomie zwischen Gut und Böse; da die „METHODE" auch diesen Bereich begrifflich und inhaltlich besetzt hat, sind kritische moralische Diskussionen überflüssig geworden, sie werden auf die rein funktionale Perspektive reduziert. Das Recht schließlich, das in einem Rechtstaat auch der Garant für die Wahrung individueller Interessen gegenüber dem Staat ist, fungiert nur noch als Legitimation für die Überwachung der Bürger.

6. Entzugsformel:

> „Ich entziehe einem Volk das Vertrauen, das glaubt, totale Durchleuchtung schade nur dem, der etwas zu verbergen hat."

Die Kritik zielt hier auf das einzelne Individuum, das die eigene Privatsphäre offenbar nicht als schützenswerten Raum betrachtet und sie widerstandlos dem staatlichen Kontrollstreben ausliefert.

Kritik an Widerstandslosigkeit des Volkes

7. Entzugsformel:

> „Ich entziehe einer METHODE das Vertrauen, die lieber der DNA eines Menschen als seinen Worten glaubt. Ich entziehe dem allgemeinen Wohl das Vertrauen, weil es Selbstbestimmtheit als untragbaren Kostenfaktor sieht."

In dieser Formel wird die Kritik an der rationalistischen Ideologie untermauert. Vertrauen und Ehrlichkeit sind wichtige Werte des menschlichen Zusammenlebens, die aber nicht naturwissenschaftlich nachweisbar oder messbar sind. Auch die individuelle Selbstbestimmtheit ist ein zentraler Wert menschlicher Existenz; die „METHODE" nimmt dem Menschen aber diese Möglichkeit der Selbstbestimmtheit ab.

Kritik an rationalistischer Ideologie

8. Entzugsformel:

> „Ich entziehe dem persönlichen Wohl das Vertrauen, solange es nichts weiter als eine Variation auf den kleinsten gemeinsamen Nenner ist. Ich entziehe einer Politik das Vertrauen, die ihre Popularität allein auf das Versprechen eines risikofreien Lebens stützt."

Aufgabe persönlicher Freiheit

Wenn eine Politik nur deshalb Zustimmung erfährt, weil sie den Bürgern ein Leben ohne Risiko verspricht, dann ist dieser gesellschaftliche Grundkonsens nur ein kleinster gemeinsamer Nenner; vor allem legitimiert das Ziel eines risikolosen Lebens staatliche Kontrollinstrumente und beschneidet damit massiv die individuelle Freiheit.

9. Entzugsformel:

> „Ich entziehe einer Wissenschaft das Vertrauen, die behauptet, dass es keinen freien Willen gebe."

Menschliche Entscheidungen als Ausdruck freien Willens

Die Fähigkeit des Menschen, Entscheidungen selbstverantwortlich und eigenständig treffen zu können, prägt im Kern das Menschenbild der Aufklärung. Die Entscheidungen werden von Faktoren wie Vererbung, Geschlecht oder Milieu beeinflusst, das moderne, auf der Aufklärung fußende Menschenbild geht aber davon aus, dass menschliche Entscheidungen ein Ausdruck freien Willens sind.

10. Entzugsformel:

> „Ich entziehe einer Liebe das Vertrauen, die sich für das Produkt eines immunologischen Optimierungsvorgangs hält."

Kritik an „rationeller" Liebe

Dieser Vorwurf richtet sich gegen die rationalistisch-naturwissenschaftliche Vorstellung, dass Liebe ausschließlich als ein chemischer Prozess zu erklären sei. Diese Vorstellung blendet psychologische, psychische, philosophische oder auch religiöse Erklärungsangebote aus.

11. Entzugsformel:

> „Ich entziehe Eltern das Vertrauen, die ein Baumhaus ‚Verletzungsgefahr' und ein Haustier ‚Ansteckungsrisiko' nennen."

Einschränkung individueller Entfaltung

Im Bestreben, mögliche Quellen einer Gesundheitsgefährdung der Kinder von vornherein auszuschließen, wird in der Erziehung darauf geachtet, dass Kinder erst gar nicht mit solchen Quellen in Berührung kommen. Das „Baumhaus" steht als Symbol für ein Kinderspiel, das auf Abenteuer und Entdeckung aus ist, das „Haustier" könnte als Synekdoche für alle Tiere und als Symbol für die kindliche Zuwendung zum Tier als einem Mitgeschöpf verstanden werden.

12. Entzugsformel:

> „Ich entziehe einem Staat das Vertrauen, der besser weiß, was gut für mich ist, als ich selbst."

Verlust der Selbstbestimmung

Der Vorwurf besteht darin, dass der Staat den Bürger bevormundet, indem er ihm die Verantwortung für das eigene Leben nicht nur abnimmt, sondern sogar wegnimmt. Der Bürger darf sein Leben nicht mehr in eigener Verantwortung führen, sondern muss bei allen Lebensäußerungen darauf achten, dass sie staatlicherseits autorisiert sind.

13. Entzugsformel:

> „Ich entziehe jenem Idioten das Vertrauen, der das Schild am Eingang unserer Welt abmontiert hat, auf dem stand: ‚Vorsicht! Leben kann zum Tode führen.'"

Ausblendung dessen, was zum Leben dazugehört: Tod und Krankheit

Kern dieses Vorwurfs ist, dass das politische System die Illusion erzeugt, dass ein risikofreies menschliches Leben möglich sei. Tod (und demzufolge auch Krankheit) sind aber ein untrennbarer Teil des menschlichen Lebens. Dies sollte jedem bewusst sein.

14. Entzugsformel:

> „Ich entziehe mir das Vertrauen, weil mein Bruder sterben musste, bevor ich verstand, was es bedeutet zu leben."

Selbstkritik wegen (zu) später Erkenntnis

In der letzten „Entzugsformel" zeigt sich eine ausgeprägte selbstkritische Haltung Mias, die es bedauert, die Erkenntnis nicht schon viel früher erlangt zu haben, welches die zentralen Werte des menschlichen Lebens sind.

Vergleich der beiden Positionen

Die wiederkehrenden Satzanfänge (Anapher) geben der Erklärung Mias einen beschwörenden, geradezu „magischen" Charakter, so als ob es sich um Zaubersprüche handelt, die von einer „Hagazussa", einer „Zaunreiterin" (vgl. S. 144), gesprochen werden. Kramers Stellungnahmen sind in pragmatischen Textgattungen verfasst – im Rahmen einer wissenschaftlichen Abhandlung und eines Zeitungskommentars.

Damit sind die beiden ideologischen Positionen bestimmt: Auf der einen Seite legitimiert der Staat die Kontrolle sämtlicher Lebensäußerungen seiner Bürger damit, dass er seine Pflicht darin sieht, ihnen – nach strengen rationalistischen Maßstäben gedacht – ein gesundes und sorgenfreies Leben zu ermöglichen. Auf der anderen Seite steht das Individuum, das sich komplett seiner Selbstbestimmung beraubt sieht und dem sämtliche Lebensäußerungen vorgeschrieben werden, selbst der Partner wird aufgrund medizinischer Adäquatheit staatlicherseits bestimmt. So geht es im Grunde um nichts anderes als um die Geltung von Bürgerrechten in einer Situation, in der ein Staat zum Schutz seiner Bürger Individualrechte einschränkt oder aufhebt.

Diskussion um Bürgerrechte

Dieses Thema ist ein genuin politisches und Juli Zeh schrieb den Text – wie sie in einem Interview im „Stern" zugibt – auch aus einem politischen Bedürfnis heraus: „Es ist das erste Mal, dass ich ein Buch geschrieben habe, um mich zu erleichtern. Ich hatte richtig das Bedürfnis, das aufzuschreiben, damit ich jetzt sagen kann: Ich habe ein Mal darauf hingewiesen!"[10]

Bürgerrechte und Gesundheit

Das Bedürfnis, sich im Hinblick auf das Thema ‚Bedrohung von Bürgerrechten' zu erleichtern, resultiert nicht aus einem spontanen Impuls, sondern scheint die Autorin generell zu beschäftigen: 2010 schrieb Zeh in einem Beitrag für die Wochenzeitung „Die Zeit" gegen die Aushebelung der Bürgerrechte durch Überlegungen, die ärztliche Schweigepflicht in den Fällen auszusetzen, in denen die Patienten an ihrer Krankheit selbst schuld sind. Zeh sieht darin einen Angriff auf die Bürgerrechte, diesmal allerdings nicht im Zeichen der Terrorismus-Abwehr wie zuvor nach den Anschlägen von New York im Jahre 2001, sondern im Zeichen eines „Wirtstieres" – der Gesundheit –, das jeden Menschen auf Schritt und Tritt begleitet:

„Die Diagnose vorab. Sie lautet: Erosion des demokratischen Denkvermögens im fortgeschrittenen Stadium. Symptome: Scheinlogik auf Seiten der politischen Akteure, Indifferenz bis zum politischen Autismus bei den Bürgern. Krankheitstypische Äußerungen von infizierten Personen: ‚Der Rechtsstaat muss verteidigt werden, aber in Zeiten wie diesen hat Sicherheit Vorrang' (ein eifriger Minister). Oder: ‚Dann sollen sie halt Festplatten scannen – das betrifft ja nicht Leute wie mich, die nichts zu verbergen haben' (ein unbescholtener Bürger). Verbreitungsgrad des Syndroms: epidemisch.

---

10 Johannes Gernert im Interview mit Juli Zeh im „Stern" vom 24. 03. 2009. (Weitere Auszüge aus diesem Interview kann man ab S. 123 im Materialienteil dieser Erläuterung nachlesen.)

> Die Optimisten unter uns glauben bislang, die Ausbreitung des beschriebenen Krankheitsbilds beschränke sich auf den sogenannten Anti-Terror-Kampf. Sie beobachten den Umbau eines auf Notlagen reagierenden Wohlfahrtsstaates in ein präventiv denkendes und handelndes Kontrollsystem und reden sich ein, es handele sich nicht um eine dauerhafte Entwicklung, nicht um ein grundsätzliches Umdenken in Sachen Bürger-Staat-Verhältnis, sondern um temporäre Härtefallregeln, mit deren Hilfe wir – leider, leider! – den derzeit so virulenten Bedrohungen unserer Gesellschaft begegnen müssen. Aber was, wenn das Virus ein wenig mutiert und plötzlich die Abteilung Terrorismus verlässt? Wenn es sich ein Wirtstier sucht, das es in alle Lebensbereiche trägt?"[11]

Bürgerrechte und Überwachung

Auch mit der zusammen mit Ilja Trojanow veröffentlichten Essaysammlung *Angriff auf die Freiheit* (2009) knüpft Zeh an bestehende Verhältnisse an, spinnt sie weiter aus, verschärft und radikalisiert die Konfrontation und nutzt „das literarische Feld als Austragungsort ihres Kampfes um die Einhaltung von Menschen und Bürgerrechten".[12]

So verwundert es nicht, dass der Roman *Corpus Delicti* selbstverständlich auch in der Rezeption stets vor dem Hintergrund der Diskussion um Bürgerrechte gesehen wurde und in diesem Sinne als Kritik an der zunehmenden Überwachung des Einzelnen durch staatliche Kontrollorgane verstanden wurde. Dabei sind Gründe, aus denen Überwachung geschieht, austauschbar. Im Roman gilt die Gesundheit als oberstes Staatsziel, die Methode zur Erreichung des Ziels ist die Vernunft (der „gesunde Menschenverstand"). In der Realität geht es seit der zunehmenden Bedrohung durch den islamistischen Terrorismus in erster Linie um die Sicherheit der Bevölkerung. Sowohl der alleinige

---

11 Zeh 2010. (Ein weiterer Auszug dieses Beitrags findet sich im Materialienteil dieser Erläuterung ab S. 130.)

12 Klocke 2013, S. 187.

Maßstab einer Orientierung an der Gesundheit als auch an der Sicherheit können ideologisiert werden, andere Gründe für die Überwachung von Individuen sind politischer oder religiöser Art, beide gab es in Europa in der Vergangenheit (Inquisition und im 20. Jhd. die beiden Diktaturen auf deutschem Boden mit jeweils ausgeprägter Geheimpolizei).

Bürgerrechte und Digitalisierung

Einen weiteren Baustein im Prozess des fortschreitenden Abbaus von Bürgerrechten sieht Juli Zeh in der zunehmenden Digitalisierung. Noch wird keinem Menschen bei der Geburt ein Überwachungschip eingesetzt, so wie es in *Corpus Delicti* vorgestellt ist, aber die zunehmende Nutzung des Internets und seiner Kommunikationsmittel kann dazu führen, dass die Privatsphäre des Einzelnen zunehmend verletzt wird, da er keine Kontrolle darüber hat, was mit seinen Daten geschieht: „Daten sind aber personalisiert, sie verraten alles über uns. Wir bezahlen mit unserer Intimität. Dadurch begeben wir uns immer weiter in die Hände von Akteuren, die unser Verhalten und unsere Entscheidungen steuern."[13]

Auch die aktuellen Überlegungen, die Nutzung von Bargeld zugunsten digitalisierter Finanztransaktionen in Deutschland abzuschaffen, zielen letztlich darauf ab, die geschäftliche Aktivität des Einzelnen zu überwachen und im schlimmsten Falle zu steuern. (Näheres dazu ist in einem Kommentar im Materialienteil dieser Erläuterung ab S. 133 nachzulesen.)

Diskussion um Selbstbestimmung und Selbstbewusstsein

Individuelles Recht auf Selbstbestimmung

Corpus Delicti zeigt als dystopischer Roman eine fiktive Realität, in der die Bürgerrechte, in der vor allem das individuelle Recht auf Selbstbestimmung unter der Herrschaft einer strikt rationalistischen Doktrin, ausgehebelt worden sind. Das Menschenbild

13 Karin Janker im Interview mit Juli Zeh in der „Süddeutschen Zeitung" vom 26. 11. 2014. (Weitere Auszüge aus diesem Interview kann man ab S. 24 im Materialienteil dieser Erläuterung nachlesen oder online unter https://www.sueddeutsche.de/kultur/juli-zeh-ueber-das-generali-modell-wir-werden-manipulierbar-und-unfrei-1.2232147-0)

und das Politikverständnis, das hinter der Dystopie als erstrebenswert hervorscheint, hat Juli Zeh mehrfach beschrieben: Es gehöre zum Mensch-Sein dazu, sich selbst ungehindert entfalten zu können.[14] In diesem Kontext erinnert Zeh in dem Interview mit dem „Stern" daran, dass es eine Errungenschaft der Aufklärung gewesen ist, dass der Mensch unabhängig von metaphysischen Instanzen sein Leben in eigener Verantwortung leben muss:

Fehlendes Selbstbewusstsein

> „Erinnert euch mal bitte daran: Das ist euer verdammtes Leben! Endlich ist dieser Gott weg, der uns lauter Vorschriften gemacht hat, dann müssen wir doch nicht die nächste Instanz etablieren. Genießen wir doch endlich mal, dass wir selbst entscheiden dürfen. Dafür fehlt aber bislang das Selbstbewusstsein."[15]

Das fehlende Selbstbewusstsein des Individuums ist im Kern der Kritikpunkt Zehs. Selbstbewusstsein würde sich z. B. darin zeigen, dem Staat zu misstrauen, wenn er damit beginnt, Freiheitsrechte, beispielsweise durch die Überwachung der digitalen Kommunikation, einzuschränken:

Gesundes Misstrauen

> „Ganz grundsätzlich – und so sieht das auch die Verfassung – stellt schon das Sammeln dieser Informationen einen Eingriff in unsere Freiheit und unsere Rechte dar. Komischerweise ist das Gefühl dafür bei vielen Leuten nicht sehr ausgeprägt. Würde ihnen der Nachbar hinterherschnüffeln oder sich plötzlich für ihre E-Mails interessieren, würden sie misstrauisch werden, sich wehren oder ihn womöglich anzeigen. Dem Staat gegenüber haben viele Menschen dieses gesunde Misstrauen nicht."[16]

---

14 Vgl. Klaas Tigchelaar im Interview mit Juli Zeh in „Planet Interview" vom 23. 01. 2010.

15 Johannes Gernert im Interview mit Juli Zeh im „Stern" vom 24. 03. 2009.

16 Susanne Sitzler im Interview mit Juli Zeh in „fluter" vom 16. 03. 2011. (Weitere Auszüge aus diesem Interview kann man ab S. 120 im Materialienteil dieser Erläuterung nachlesen.)

Kritikfähigkeit und die Bereitschaft, sich an der politischen Diskussion produktiv zu beteiligen, sind nach Zeh aber die Voraussetzungen für das Funktionieren eines demokratischen Systems: „Man kann Demokratie nicht basteln wie eine schöne Statue, die dann auf immer besteht. Demokratie ist ein Prozess, an dem alle mitwirken müssen."[17] Die demokratische Verfasstheit der heutigen Bundesrepublik ist eine Errungenschaft, für die lange Zeit gestritten wurde; Juli Zeh leitet daraus die Forderung ab, dass es die Aufgabe jedes Bürgers ist, sich verantwortungsvoll um das Erbe zu kümmern und sich für den Fortbestand der Menschen-, Bürger- und Grundrechte aktiv einzusetzen:

> „Diese Rechte wurden gegen einen Staat durchgesetzt. Die Organisationsform Staat – egal ob Demokratie, Aristokratie oder Diktatur – hat immer etwas mit Macht zu tun, das kann man schon bei Rousseau nachlesen. In unserem modernen Verständnis muss diese Macht in ihre Schranken gewiesen werden. Und Demokratie ist ja nichts anderes als ein riesiges Verfahren, um Macht zu zerstreuen, sie auszubalancieren und zu verteilen. Heute profitieren wir davon, dass diese Rechte für uns erstritten wurden, also haben wir auch die Pflicht, sie zu beschützen."[18]

Kritikfähigkeit und aktive Beteiligung am politischen Geschehen

In diesem Sinne ist *Corpus Delicti* ein politischer Roman mit einer klaren Botschaft, die in der Aufforderung besteht, sich gegen den Abbau von demokratischen Grundrechten und bürgerlichen Freiheitsrechten kritisch zur Wehr zu setzen.

---

17 Ebd.
18 Ebd.

Corpus Delicti als Science-Fiction-Roman

Corpus Delicti – ein Science-Fiction-Roman mit Elementen des Kriminalromans

Gattungsspezifisch betrachtet zählt *Corpus Delicti* zu den Science-Fiction-Romanen und damit zu einer „Form der phantastischen Lit., die das (zukünftige) Neue als wissenschaftlich, logisch und rational begründet erscheinen lässt“[19]. Während in klassischen Romanen dieser Gattung, wie z. B. in Jules Vernes *Reise zum Mittelpunkt der Erde* (1864) oder *Reise zum Mond* (1865), der Fokus auf in der Zukunft mögliche wissenschaftliche Fortschritte zur Erweiterung des Erkenntnisraums gelegt wird, geht der moderne Science-Fiction-Roman auch Verbindungen zu anderen epischen Genres ein, wie auch *Corpus Delicti* Elemente des Kriminalromans enthält:

> „In Romanen jüngerer dt. Autoren wie M. Hammerschmidt, F. Nelle oder H. Hilgenstein werden Topoi, Motive und Handlungsmuster der S. ironisch gebrochen und mit Elementen des Kriminalromans, des *Cyberpunk* und des gesellschaftskritischen Stadtromans vermischt. S. erweist sich gerade in der Lust an der De- und Rekonstruktion ihrer Grenzen als weiterhin vitale Gattung.“[20]

Corpus Delicti – ein utopischer Roman

Innerhalb der Gattung „Science-Fiction“ zählt *Corpus Delicti* zu den sogenannten „utopischen Romanen“. Der Begriff „Utopie“ kommt aus dem Griechischen und bedeutet „Nicht-Ort“ bzw. „Nirgendwo“, ein unerreichbarer Ort, an dem ein idealer Gesellschaftszustand herrscht, in dem der Einzelne sein Glück begründet; als literarisches Paradigma der Gattung gelten die Romane *Utopia* (1516) von Thomas Morus und *Nova Atlantis* (1627) von Francis Bacon:

---

19 Innerhofer 2007a, S. 698.

20 Ebd., S. 698 f.

> „Seit F. Bacons *Nova Atlantis* (1627) bildet sich aber ein dynamischeres U.modell heraus, in dem Wissenschaft und Technik die zunehmende Perfektionierung der Gesellschaft befördern. Hier wird die totale Beherrschung der Natur zur Grundlage allg. Glückseligkeit. Seit dem Ende des 19. Jh.s, als die weißen Flecken auf dem Globus zusammenschmolzen, wird die U. oft nicht mehr an abgelegenen Orten, sondern in entfernten Zeiten angesiedelt (‚Uchronie'). "[21]

Eine solche Ansiedlung in einer entfernten Zeit liegt auch in *Corpus Delicti* vor, die Handlung spielt ein gutes halbes Jahrhundert entfernt von der Jetztzeit in einem zukünftigen Deutschland.

Corpus Delicti – ein dystopischer Roman

Die negativen Erfahrungen mit den totalitären Systemen des 20. Jahrhunderts haben tiefe Zweifel daran entstehen lassen, ob das individuelle Glück in einer idealen Gesellschaftsordnung begründet sein könne.[22] Aber auch schon im 19. Jahrhundert zeigte sich in der Folge der Industrialisierung eine solche Utopie-Skepsis, literarisch manifest wird diese Skepsis in dystopischen Entwürfen, die die ursprünglichen utopischen Ideale in ihr Gegenteil verkehrt sehen:

Vertreter der Anti-Utopien

> „Zugleich bildet sich im 19. Jh. aus der Skepsis gegenüber den Folgen der Industrialisierung und einer beschleunigten Modernisierung eine negative Form des utopischen Romans heraus: die Anti-Utopie (Buch als ‚Dystopie' oder ‚Mätopie' bezeichnet). É. Souvestre (*Le monde tel qu'il sera*, 1846), E. G. Bulwer-Lytton (*The coming race: or the new Utopia*, 1871), S. Butler (*Erewhon*, 1872), J. Verne (*Les cinq cents millions de la bégum*, 1879) u. a. machen oft drastisch auf die fatalen Folgen einer rücksichtslosen Technisierung aller Lebensbereiche aufmerksam. Einen eher mystischen Umgang mit der Technik propagiert

---

21 Innerhofer 2007b, S. 795.
22 Vgl. ebd.

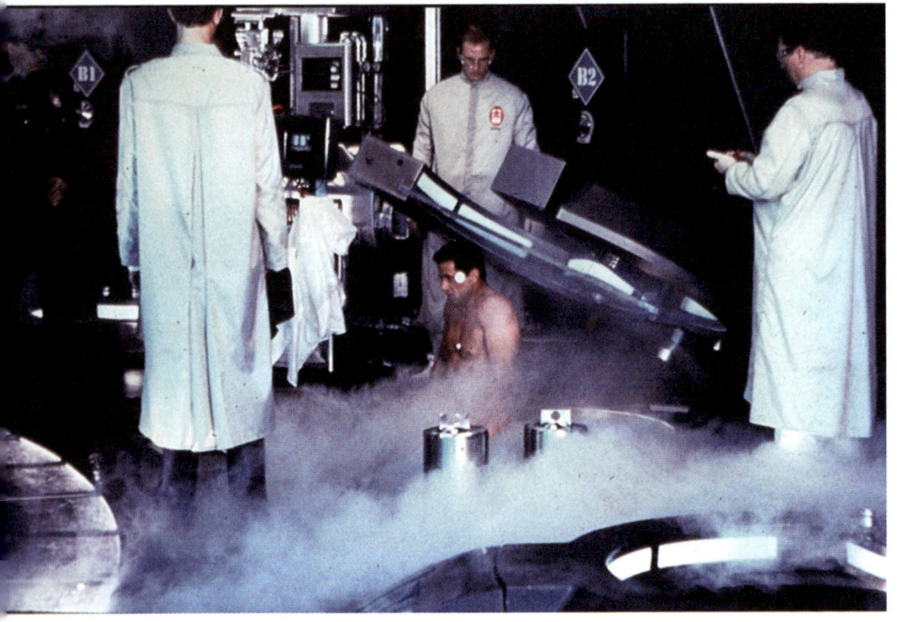

Auch im Film *Demolition Man* (1993), der durch Huxleys Dystopy *Brave New World* inspiriert wurde, gibt es, ebenso wie in *Corpus Delicti*, die Strafmaßnahme des „Einfrierens".
© picture-alliance/ Mary Evans Picture Library

P. Scheerbarts Planetenroman *Lesabéndio* (1913). In der Tradition solcher Technik- und Modernitätskritik sind die drei ‚Klassiker' der Anti-Utopie zu sehen: E. Zamjatins *My* (*Wir*, 1920), A. Huxleys *Brave New World* (1932) und G. Orwells *1984* (1949). In ihnen verkehren sich die utopischen Ideale der Sicherheit, Transparenz und staatlichen Regulierung, der Abschaffung von Ungleichheit und Zufall sowie der gesellschaftlichen Harmonie in ihr Gegenteil: Unfreiheit, Willkür, Überwachung, Terror, Auslöschung der Individualität."[23]

---

23 Innerhofer 2007c, S. 796 f.

Der utopische Grundgedanke im Roman

Verweis auf Kants Philosophie

Der utopische Grundgedanke in Zehs *Corpus Delicti* ist die Vorstellung eines konsequent rationalistisch agierenden Staatssystems. Die Wurzel des Rationalismus findet sich in der Epoche der Aufklärung. In seiner berühmten Schrift *Beantwortung der Frage: Was ist Aufklärung?* aus dem Jahre 1784 legte der Königsberger Philosoph Immanuel Kant (1724–1804) dar, was das Ziel der Aufklärung ist, welcher Mittel sie sich bedient, welche Voraussetzungen sie verlangt und welches die entscheidenden Störfaktoren sind, die die Menschen daran hindern, ihren Verstand zu gebrauchen. „Sapere aude" („Wage es, weise zu sein") lautet der Appell Kants an seine Leser. (Einen Auszug aus Kants Schrift kann man ab S. 135 im Materialienteil dieser Erläuterung nachlesen.) Auf die Aufklärung beruft sich Heinrich Kramer, wenn er feststellt, dass sich die „METHODE" ausschließlich vernunftorientiert verhält: „Wir gehorchen allein der Vernunft, indem wir uns auf eine Tatsache berufen, die sich unmittelbar aus der Existenz von biologischem Leben ergibt" (S. 36). Ein Synonym für „Vernunft" ist der „gesunde Menschenverstand": „Unfehlbarkeit ist ein Grundpfeiler der METHODE. (…) Unfehlbarkeit verlangt Konsequenz, auf die uns der gesunde Menschenverstand verpflichtet" (S. 37).

„Missverständnis der Aufklärung"

Die Aufforderung, sich des eigenen Verstandes zu bedienen, die Kant als Appell an die Menschen formulierte, wird im System der „METHODE" zu dem herrschaftslegitimierenden Argument. In Verkehrung des aufklärerischen Vernunftsoptimismus wird als „Missverständnis der Aufklärung" ein Verhalten beschrieben, das sich diese Freiheit der Selbstbestimmung gerade wieder nimmt und sich gegen die staatliche Kontrolle zur Wehr setzt.

Für Juli Zeh ist die Idee eines so verfassten Zukunftsstaates nichts ganz und gar Utopisches; ihre Intention ist es, Tendenzen der Gegenwart weiterzudenken und zu pointieren: „Ich wollte keine Zukunftsvision schreiben und sagen: In so und so viel Jahren sieht es so und so aus. Ich habe tatsächlich Dinge, die jetzt schon da sind, in ein fiktives System übertragen und ein bisschen überdreht."[24]

Ganz im Sinne der Aufklärung will Zeh mit ihrer Dystopie auf Probleme aufmerksam machen, die sich langsam entwickeln:

Corpus Delicti – ein aufklärerischer Text

„Es ist der Versuch, eine Tendenz aufzuzeigen und den Leuten Dinge klarzumachen, die sie vielleicht nicht immer so richtig auf dem Schirm haben. Weil sich die Politik von Tag zu Tag und damit langsam und schleichend entwickelt. Es ist sehr schwierig, wenn man selbst in einer bestimmten Zeit lebt, zu erkennen, was sich da gerade verändert. Im Rückblick sieht man das sehr genau und es werden dann immer Fragen gestellt: ‚Warum habt ihr das nicht gemerkt? Warum ist euch das nicht aufgefallen? Das muss euch doch klar gewesen sein!' Aber es ist eben schwer, das selbst für seine Zeit zu erkennen. So braucht es bewährte Techniken und Mittel, um zu versuchen, Distanz zu schaffen und einen kritischen Blick darauf zu ermöglichen. Darum geht es mir in *Corpus Delicti*, es ist eigentlich ein genuin aufklärerischer Text."[25]

Verweis in die Vergangenheit: Mittelalter und Antike im Roman

Themenbereich Mittelalter: Hexenverfolgung

Während die Gattung des Romans in die Zukunft verweist und gegenwärtige gesellschaftliche Entwicklungen dystopisch weiterdenkt, finden sich Anspielungen auf das Mittelalter und die frühe Neuzeit, indem Zitate und Namenskompositionen den Themenbereich Hexenverfolgung öffnen:

Der historisch verbürgte Dominikanermönch Heinrich Kramer (lat. „Henricus Institoris") gilt als Verfasser des sogenannten *Hexenhammers* (lat. *Malleus Maleficarum*), eines Werkes zur Legitimation der Hexenverfolgung, das 1486 in Speyer veröffentlicht

---

24 Johannes Gernert im Interview mit Juli Zeh im „Stern" vom 24. 03. 2009.

25 Klaas Tigchelaar im Interview mit Juli Zeh in „Planet Interview" vom 23. 01. 2010.

wurde und in den folgenden 200 Jahren fast 30 Auflagen erlebte. Der Heinrich Kramer des Romans widmet sich ebenfalls dem öffentlichen Schreiben gegen „moderne Hexen", das sind Menschen, die sich gegen das herrschende System auflehnen. Mia Holl wird explizit mit Hexen in Verbindung gebracht: Im Abschnitt *Die Zaunreiterin* tituliert die ideale Geliebte sie entsprechend und begründet die Zuordnung mit der in dieser Handlungsphase noch unentschiedenen Positionierung Mias:

> „Die Hexe ist ein Heckengeist. Ein Wesen, das auf Zäunen lebt. Der Besen war ursprünglich eine gegabelte Zaunstange. (…) Zäune und Hecken sind Grenzen, Mia. Die Zaunreiterin befindet sich auf der Grenze zwischen Zivilisation und Wildnis. Zwischen Diesseits und Jenseits, Leben und Tod, Körper und Geist. Zwischen Ja und Nein, Glaube und Atheismus. Sie weiß nicht, zu welcher Seite sie gehört. Ihr Reich ist das *Dazwischen*" (S. 144).

Folter

Dass Kramer sie als Personifizierung eines bösen und schädlichen Prinzips sieht, wird in der von ihm verwendeten Beschwörungsformel *„Vade retro!"* (S. 232) offenbar. Auch wenn er ihn nur scherzhaft verwendet, so fügt sich das Zitat eines „Hexenfluchs" (vgl. ebd.) in den Assoziationsbereich „Hexenverfolgung" ein. Mit der Folter, die Mia erleiden muss, wird eine mittelalterliche Methode verwendet, die die betroffenen Menschen zum Gestehen ihrer vermeintlichen Untaten zwingen sollte. Nach dem Geständnis wurden die Betroffenen zumeist auf dem Scheiterhaufen verbrannt; in dem Zukunftsstaat in *Corpus Delicti* wird anstelle der Hitze die Kälte für die Urteilsvollstreckung verwendet, die Delinquenten werden eingefroren, dabei aber nicht getötet.

Märtyrertum

Auf dem Scheiterhaufen endeten im Mittelalter aber nicht nur weibliche und männliche Hexen, sondern auch Häretiker, solche Menschen also, die sich kritisch mit dem herrschenden System auseinandersetzten. Als Märtyrer werden solche Menschen bezeichnet, die den Tod aufgrund ihrer Glaubensüberzeugung erleiden müssen. Als erster christlicher Märtyrer gilt nach den Aussagen der Apostelgeschichte (7,54–60) der heilige Stephanus, der wegen seines Glaubens gesteinigt wurde. Die Parallelen zur mittelalterlichen Hexenverfolgung, aber auch zu historischen Beispielen für christliches Märtyrertum sind somit evident. Sie machen deutlich, dass sich der vom Selbstverständnis her rationalistisch aufgestellte und dem Wohl der Menschen verpflichtete Staat unmenschlicher Methoden bedient, wenn es darum geht, seine Herrschaft zu sichern.

Themenbereich Antike: Antigone-Stoff

Eine weitere Parallele ergibt sich zum Antigone-Stoff, auf den beispielsweise Katharina Granzin in ihrer Rezension anspielt, wenn sie Mia als „Antigone der postpolitischen Hygienegesellschaft“[26] bezeichnet. Wie die Antigone der literarischen Überlieferung, so kämpft auch Mia Holl dafür, dass ihrem Bruder Gerechtigkeit widerfährt; mit ihrem Widerstand stellt sie eine gegebene politische Ordnung in Frage und ist bereit, für ihre moralische Überzeugung in den Tod zu gehen.

Vergleich Mia – Antigone

Allerdings ist auf einige bedeutsame Unterschiede zur Antigone der literarischen Überlieferung hinzuweisen: Mia durchläuft im Gegensatz zu Antigone eine Entwicklung von einer streng rationalistischen zu einer idealistischen Position, die Antigone des Mythos ist dagegen von Beginn an eine Person, die sich nicht an die staatlichen Vorgaben halten will. Die Antigone des Sophokles ist mit dem Sohn Kreons verlobt, eine vergleichbare Zuspitzung des Konflikts in den familiären Bereich hinein findet sich bei Mia nicht. Antigone argumentiert vor allem mit dem Verweis auf göttliches Recht, das dem von Kreon gesetzten Recht entgegensteht; Mia blendet die metaphysische Dimension völlig aus. Auch der Einsicht Kreons in die Fehlerhaftigkeit des eigenen Tuns steht in *Corpus Delicti* kein entsprechendes Äquivalent gegenüber, eine

---

26 Granzin 2009. (Weitere Auszüge aus dieser Rezension kann man ab S. 121 im Materialienteil dieser Erläuterung nachlesen.)

„Katharsis" bleibt – ganz im Sinne der dystopischen Anlage des Romans – aus.

Dystopien haben nach Zehs Meinung in der heutigen Zeit einen Sinn, auch wenn sie keine sichtbaren Veränderungen herbeiführen. Literatur soll nach der Meinung der Autorin dazu dienen, miteinander ins Gespräch zu kommen und für bestimmte Probleme sensibel zu werden:

Dystopien sind notwendig für einen (literarischen) Diskurs

> „Ich sehe die Funktion von Literatur anders. Es geht in erster Linie darum, dass wir uns als Menschen miteinander verständigen, einen Diskurs führen, in dem bestimmte Themen aufgenommen werden. Daher bin ich der Ansicht, dass Literatur auch ein traditionell aufklärerisches Anliegen ist. Ich betrachte das Nachdenken über Dinge schon als einen sehr wichtigen Wert an sich und ich glaube, dass es definitiv das Bewusstsein von Menschen verändert."[27]

Gespräch zwischen Richard David Precht und Juli Zeh über Fortschritt, Ängste und Glück

27 Christoph Borgans und Michaela Meißner im Interview mit Juli Zeh in „Unique" vom 19. 05. 2011. https://www.unique-online.de/%E2%80%9Eich-bin-ein-groser-fan-der-freiheit%E2%80%9C/3340/

3.8 Schlüsselstellenanalysen

1. Schlüsselstelle: „Die Unfehlbarkeit der METHODE" (S. 36–43)

Kontext: Die Schlüsselstelle *Keine verstiegenen Ideologien* (S. 36–43) findet sich am Romanfang. In den vorherigen Kapiteln wurden mit Heinrich Kramer sowie Mia und Moritz Holl die zentralen Figuren eingeführt. Thematisch wird schon im Vorwort anhand eines Zitates aus einem fiktiven Sachbuch Kramers die zentrale Bedeutung von Gesundheit für den Einzelnen wie für das Staatswesen hervorgehoben, Gesundheit wird als Leitziel aller individueller wie staatlicher Bemühungen beschrieben. Auf der Ebene der Handlung wird durch die Einbettung des Namens Mia Holl in ein Gerichtsurteil bereits auf den juristischen Konflikt verwiesen, der den Roman bestimmt; bereits im zweiten Abschnitt des Buches verurteilt ein Gericht Mia Holl wegen staatsgefährdender Aktivitäten zum Einfrieren auf unbestimmte Zeit. Nach dieser Prolepse setzt die Handlung in der Erzählgegenwart mit der Verhandlung in einem Amtsgericht ein, Richterin Sophie bespricht zusammen mit Bell, dem „Vertreter des öffentlichen Interesses", und Rosentreter, dem „Vertreter des privaten Interesses", Delikte, die eine Gesundheitsschädigung zur Folge haben; auch über Mia Holl wird gesprochen, da sie gegen die Pflicht verstoßen hat, regelmäßig über ihren Schlaf und ihre Ernährung zu berichten, außerdem hat sie weder den Urintest noch die Werte der Blutdruckmessung eingereicht. Da Mia Holl ansonsten eine „Idealbiografie" (S. 19) hat, lädt die Richterin sie nur zu einem Klärungsgespräch ein und verzichtet auf eine Verwarnung.

Den Grund für das auffällige Verhalten von Mia Holl, das Fehlurteil gegen ihren Bruder und dessen Selbstmord, findet man in den Abschnitten *Die ideale Geliebte* (S. 25–28), *Eine hübsche Geste* (S. 29–32) sowie insbesondere in dem Abschnitt *Genetischer Fingerabdruck* (S. 33–35), in dem ausgeführt wird, dass

Moritz Holl der Vergewaltigung und des Mordes bezichtigt wird, da man sein Sperma bzw. Spuren seiner DNA bei der getöteten Frau findet. Da Moritz trotz dieses eindeutigen Beweises an der Leugnung seiner Schuld festhält, wird er Gegenstand eines intensiven öffentlichen Diskurses, in dem sich insbesondere Heinrich Kramer mit seiner klaren Positionierung gegen Moritz Holl hervortut. Aus diesem Grund reagiert Mia Holl abweisend, als Heinrich Kramer sie ohne Vorankündigung besucht.

Schlüsselstelle: In der Schlüsselstelle *Keine verstiegenen Ideologien* (S. 36–43) treffen Heinrich Kramer und Mia Holl erstmals persönlich aufeinander. Heinrich Kramer lobt die staatstragende Idee: „Wir haben eine METHODE entwickelt, die darauf abzielt, jedem Einzelnen ein möglichst langes, störungsfreies, das heißt, gesundes und glückliches Leben zu garantieren. Frei von Schmerz und Leid“ (S. 36). Das Grundprinzip der „METHODE“ bestehe darin, das Leben des Einzelnen aufs Genaueste zu überwachen, um ihm dabei zu helfen, die Staatsgarantie eines glücklichen Lebens auch für sich zu verwirklichen. Die „METHODE“ sei unfehlbar, sagt Kramer, daher habe jeder gesund denkende Mensch sich ihr unterzuordnen: „Unfehlbarkeit verlangt Konsequenz, auf die uns der gesunde Menschenverstand verpflichtet“ (S. 37). Der DNA-Nachweis ist ein unfehlbarer Teil des Systems und müsse daher akzeptiert werden, selbst wenn ein mutmaßlicher Täter die Tat leugne. Die Gültigkeit naturwissenschaftlicher Erkenntnisse akzeptiert im Grunde auch Mia Holl; gleichzeitig verweist sie auf das Gefühl als Erkenntnisinstrument: Die Liebe zu ihrem Bruder gebe ihr die Gewissheit, dass er unschuldig sei.

Heinrich Kramer versucht sie zu ermuntern, die schwierige Lebenssituation nach dem Tod des Bruders bald zu überwinden und sich dann wieder ihrem Beruf zuzuwenden. Er möchte sie für die Zeitschrift „GESUNDER MENSCHENVERSTAND“ porträtieren, da er sie für ein geeignetes Beispiel für einen Menschen hält, der „Krisen und Zweifel“ durchleidet, „um danach nur noch fester zur gemeinsamen Sache zu stehen“ (S. 42).

Funktion: In der Kontroverse zwischen Heinrich Kramer und Mia Holl wird erstmals explizit die den Roman prägende Frage nach den Grenzen rationaler Erkenntnis diskutiert. Heinrich Kramer personifiziert die Position, die von der Unfehlbarkeit naturwissenschaftlicher Aussagen überzeugt ist, die auch Mia Holl begreifen kann. Als Biologin ist sie es gewohnt, mit logisch nachvollziehbaren Methoden natürliche Phänomene zu ergründen. Durch den Tod ihres Bruders, an dem sie eine Mitschuld trägt, da sie ihm die Angelschnur ins Gefängnis mitgebracht hat, mit der er sich erhängt, gerät sie in eine emotionale Ausnahmesituation, aus der es keinen befriedigenden Ausweg gibt: Folgt sie der Liebe zu ihrem Bruder, stellt sie unwiderlegbare naturwissenschaftliche Erkenntnisse in Frage; folgt sie diesen Erkenntnissen, handelt sie gegen ihre emotionale Überzeugung (vgl. S. 39). Vom Ende des Romans her gesehen behält sie recht, da sich eine logische Erklärung für die Übereinstimmung der DNA-Spuren findet, ohne dass ihr Bruder zum Mörder wird.

Die Funktion der Schlüsselstelle besteht darin, die beiden Antagonisten erstmals aufeinandertreffen zu lassen und damit den durch sie vertretenen theoretischen Positionen erstmals Raum für eine diskursive Auseinandersetzung zu geben.

2. Schlüsselstelle: „Die Verhaftung von Moritz" (S. 147–150)

Kontext: Die Position der Schlüsselstelle in der Romanmitte deutet darauf hin, dass sie für die Handlungen auf den beiden analeptischen Erzählebenen von Bedeutung ist: Zum einen handelt es sich um den letzten Rückblick, Analepse 6, in der vom Treffen zwischen Mia und Moritz in der „Kathedrale" erzählt wird; zum anderen steht die Schlüsselstelle unmittelbar vor der Verhaftung Mias, die ebenfalls in der „Kathedrale" stattfindet.

Die Analepsen 2–6 erzählen von Treffen zwischen den beiden Geschwistern: In Analepse 2 (vgl. S. 44–46), die zeitlich etwa vier Wochen vor der Erzählgegenwart angesiedelt ist, besucht Mia ihren Bruder im Gefängnis und übergibt ihm die Angelschnur, mit der er sich später das Leben nimmt. In Analepse 3 (vgl. S. 60–63) treffen sich beide an ihrem geheimen Ort am Fluss, der aus hygieneschutzrechtlichen Gründen nicht betreten werden dürfte, und sprechen über die Partnerinnen von Moritz und dessen Wunsch nach einem natürlichen Leben. In Analepse 4 (vgl. S. 90–97) treffen sie sich erneut am Fluss und diskutieren kontrovers über divergierende Lebensentwürfe: Für Moritz ist es wichtig, ein natürliches, authentisches und intensives Leben zu führen, während es Mia aus rationalen Gründen für geboten erachtet, möglichst gesund zu leben. Moritz erwähnt in diesem Rückblick erstmals Sibylle, die er treffen möchte und die offenbar seine Lebenseinstellung teilt. Die Analepse 5 berichtet davon, dass Moritz kurz nach Mitternacht zu seiner Schwester kommt, um ihr mitzuteilen, dass er Sibylle tot aufgefunden habe und dass er bei ihr geblieben sei, bis die Polizei eingetroffen ist. Die vorliegende Schlüsselstelle setzt am Nachmittag desselben Tages ein, der rund sechs Monate vor Analepse 1 bzw. vor der Erzählgegenwart liegt.

In Analepse 1 verschärft sich die Lage für Mia zusehends: In der ersten gerichtlichen Anhörung äußert die Richterin noch Verständnis für ihre Situation, nachdem Mia eine Zigarette geraucht hat, verschwindet das Verständnis der Richterin aber und Mia wird zwei Tage später zu einer Geldstrafe verurteilt. Nachdem sie das Urteil auf Anraten ihres Verteidigers angefochten hat, kommt es zu einer weiteren Verhandlung, auf der Mia renitentes Verhalten bescheinigt wird, sodass die Geldstrafe wegen Rauchens zu einer zweijährigen Gefängnisstrafe auf Bewährung umgewandelt wird. Damit ist sie vorbestraft, was dazu führt, dass man ihr den Auszug aus dem „Wächterhaus" nahelegt. Nach wie vor versucht Mia, systemtreu zu leben, hofft aber in Wirklichkeit darauf, in Ruhe gelassen zu werden. Nach der Schlüsselstelle in Analepse 6 ist diese Hoffnung beendet.

Schlüsselstelle: Die Schlüsselstelle ist überschrieben mit *Fell und Hörner, zweiter Teil* (S. 147–150), sie bezieht sich damit auf Analepse 2 (vgl. S. 60–63), in der erstmals ein Treffen der Geschwister an der „Kathedrale" beschrieben wird; der Titel „Fell und Hörner" bezieht sich auf ein Reh, das sich in der Nähe des Treffpunktes zeigt und das von Moritz ironisch als: „Ein riesiges Bakterium! Mit Fell und Hörnern!" (S. 62) bezeichnet wird.

Mia und Moritz treffen sich am Tag nach Sibylles Tod in der „Kathedrale", wenige Stunden nach ihrem letzten Treffen in Analepse 5, in der Moritz vom Tod Sibylles berichtete hat. Moritz erinnert sich daran, dass Mia ihm bei seinem überstürzten Abschied in der Nacht noch hinterhergerufen habe, dass sie sein Zuhause sei; er umarmt sie innig. Erneut unterstreicht er seine systemkritische Einstellung, wenn er deutlich macht, dass der Mensch nur die Möglichkeit habe, sich anzupassen und dabei einen Verrat an sich selbst zu begehen, oder zu sagen, was er denkt, und sich damit in Gefahr zu bringen (vgl. S. 148). Moritz würde sich aus diesem Grund auch niemals einer Gruppe wie der R.A.K. anschließen, da er den Zwang, sich der Meinung einer Gruppe anzupassen, ablehnt: „Aber der einzige Anspruch, den ich stelle, ist der auf meine persönliche Wirklichkeit" (S. 149). Mia weist ihn darauf hin, dass dieses auf Individualität gründende Konzept eine Konformität mit der „allgemeinen Wirklichkeit" (S. 149) ausschließe. Moritz bejaht das und beschreibt seine Lebenseinstellung als ein ständiges Schalten zwischen Individualität und Kollektivität („subjektiv, objektiv", ebd.). Auf diese Weise gleiche der Mensch „einer defekten Lampe" (ebd.). Nach diesen Worten treten Polizisten aus dem Gebüsch und verhaften Moritz wegen der Vergewaltigung und des Mordes an Sibylle Meiler.

Funktion: Die Verhaftung in Analepse 6 bereitet bereits die Verhaftung von Mia vor: In dem unmittelbar daran anschließenden Kapitel *Das Recht zu schweigen* sitzt Mia rauchend am Fluss und wird ebenfalls verhaftet. Sowohl in der Handlung von Moritz als auch von Mia fungieren die Verhaftungen als äußerliche Zeichen für eine Eskalierung des Konflikts: Im Falle von Moritz legen

DNA-Spuren nahe, dass es sich bei Moritz um den Täter handelt, erst später wird offenbart, dass der Knochenmarkspender der Täter ist, dessen Spende dem jungen, an Leukämie erkrankten Moritz das Leben gerettet hat. Der Gefängnisaufenthalt und die drohende Verurteilung schränken die Handlungsspielräume des unschuldigen Moritz ein; seine Fundamentalkritik am herrschenden System, seine Überzeugung von der individuellen Verantwortung für das eigene Leben führen zu der Entscheidung, ein Leben in Gefangenschaft nicht weiterführen zu wollen.

Während Mia in der Diskussionen mit Moritz stets die rationale Gegenposition eingenommen hat, wird sie nach seinem Tod nach und nach selbst zu einer Kritikerin der „METHODE". Da sie der Aufforderung des Gerichts nicht nachkommt, wird sie wegen „methodenfeindlicher Umtriebe" (vgl. S. 151) verhaftet. Während des Prozesses wird bekannt, dass Moritz unschuldig ist; dieser Umstand lässt Mia nun endgültig zur Systemkritikerin werden.

Die Schlüsselstellen, in denen beide verhaftet werden, markieren den Übergang, an dem aus der systemkonformen Mia eine vehemente Kritikerin wird, nachdem sich der Tod ihres systemkritischen Bruders Moritz, gegen den sie stets eine systemaffirmierende Position bezogen hat, als Folge eines Fehlurteils erwiesen hat, das das Unrechtssystem der „METHODE" offenbart.

3. Schlüsselstelle: „Die Verurteilung von Moritz als Justizirrtum" (S. 153–168)

Kontext: Während die Verhaftung von Moritz und Mia eine Verschärfung des Konflikts darstellt, bedeutet der Gerichtsprozess gegen Mia den (vorläufigen) Höhepunkt der Auseinandersetzung auf der Handlungsebene von Analepse 1 und auf der ideellen Ebene. Mia wird im Kapitel *Das Recht zu schweigen* (vgl. S. 151 f.) verhaftet, sie wird verdächtigt „der methodenfeindlichen Umtriebe sowie der Führung einer methodenfeindlichen Vereinigung" (S. 151). Die Verhaftung ist die Konsequenz aus einem Verhalten Mias, das immer wieder zu Verstößen gegen das herrschende System führt. Mia will die Trauerphase ohne staatliche Hilfe bewältigen. Das Rauchen und der Aufenthalt in der „Kathedrale" haben den Zweck, dass sich Mia mit ihrem Bruder verbunden fühlt. Gleichwohl bringt sie dieser Anspruch auf Individualität in einen Konflikt mit dem staatlichen Anspruch, die Entscheidungen über das, was für die Menschen gut ist, allein treffen zu können. Da das Rauchen sowie die „Kathedrale" nicht den Gesundheitsvorschriften des Systems entsprechen, wird ihr Verhalten als systemfeindlich gebrandmarkt.

Schlüsselstelle: Das Kapitel *Der Härtefall* (vgl. S. 153–168) spielt erneut im Amtsgericht, Vorsitzende ist Richterin Sophie. Mia wird im Wesentlichen wegen methodenfeindlichen Verhaltens in Wort und Tat angeklagt. Der Versuch des Pflichtverteidigers Rosentreter, ein Aussetzen des Verfahrens zu erreichen und einen Befangenheitsantrag durchzusetzen, scheitert. Bei ihrer Befragung unterstreicht Mia, dass naturwissenschaftliche Prinzipien ihre Einstellung bestimmen. Veränderungen an der Spitze eines gesellschaftlichen Systems hält sie für naturgegeben (vgl. S. 158). Gleichzeitig macht sie klar, dass sie nach wie vor eine Verfechterin der „METHODE" sei, da die Vernunft ihr bestimmendes Merkmal sei. Sie weist darauf hin, dass ein Staat nur dann legitimiert ist, wenn er individuelles und allgemeines Wohl zur Deckung gebracht hat, und dass diese Form der Legitimation möglicherweise auch gar nicht erreichbar ist (vgl. S. 161).

Die Reaktionen der Richterin und des Staatsanwaltes auf die Einlassungen Mias fallen unterschiedlich aus: Während Richterin Sophie diese Ausführungen stets zu Gunsten der Angeklagten interpretiert, wertet Staatsanwalt Bell sie stets als Beweise für die Schuld Mias.

Auf einen entsprechenden Antrag der Verteidigung hin lässt die Richterin verfahrensrelevantes Material aus der Strafsache „Moritz Holl" zu; Rosentreter nutzt diese Chance, um ins Bewusstsein zu rufen, dass Moritz bei der Stammzellentransplantation, die seine Leukämieerkrankung geheilt hat, auch das Erbgut des

Spenders übernommen hat. Er präsentiert das Foto des Knochenmarkspenders und macht deutlich, dass der Spender Walter Hannemann der mutmaßliche Mörder von Sibylle Meiler ist. Rosentreter gelingt so der Nachweis, dass die „METHODE" fehleranfällig ist; der anwesende Kramer, der die Enthüllung durch Zwischenrufe zu verhindern sucht, reagiert genauso schockiert wie der stellvertretende Vorsitzende Hutschneider und Richterin Sophie. Der Erzähler weist in einer Vorausdeutung darauf hin, dass die Entscheidung zur Zulassung von Material aus einem anderen Prozess das berufliche Karriereende für die Richterin bedeuten und dass Mia Sophie nicht mehr sehen werde. Rosentreter beweist, dass der Härtefallantrag berechtigt ist, da Moritz offenkundig einem schweren Justizirrtum zum Opfer gefallen ist (vgl. S. 103).

Die Gerichtsszene endet in tumultartigen Zuständen, Zuschauer drängen aus dem Saal, während Journalisten versuchen, Mia Holl für ein Interview zu gewinnen.

Funktion: Das zentrale Ergebnis aus der Schlüsselstelle lautet: Die vom Regime propagierte „METHODE" ist nicht unfehlbar. In der Romanmitte findet sich somit eine Erkenntnis, die dem bislang artikulierten Anspruch der systemkonformen Figuren wie Richterin Sophie oder Heinrich Kramer diametral zuwiderläuft. Für Mia bedeutet diese Erkenntnis, dass ihre bislang „erfühlte" Überzeugung, dass ihr Bruder kein Vergewaltiger und Mörder sein kann, sich durch Evidenz bewahrheitet hat. Für die Anhänger des Systems heißt das, dass die Gefahr eines Umsturzes sich erhöht hat. Heinrich Kramer nutzt die Siegesstimmung und das Selbstvertrauen Mias aus, die ihm eine Stellungnahme diktiert, die sich mit Werten wie Freiheit, Individualismus und Selbstverantwortung eindeutig gegen die vom System vertretenen Werte wie Kontrolle, Normalität und Funktionalität richtet. Der Gerichtsprozess bewirkt bei Mia somit eine radikale ethische Neuorientierung, das Vertrauen in die Unfehlbarkeit rationaler Welterschließung ist einem Wertekanon gewichen, der dem ihres

Bruders entspricht. Die „ideale Geliebte" kündigt aus diesem Grunde an, Mia nicht mehr begleiten zu wollen, da ihr Auftrag erfüllt sei (vgl. S. 189 f.).

Die narrative Struktur ist am Ende der Schlüsselstelle an einem Punkt angelangt, an dem sich in einer Art „Peripetie" eine Veränderung des angelegten Handlungsgangs ankündigt: Durch den Erfolg vor Gericht scheinen die Systemgegner nun das Forum zu bekommen, auf dem sie ihre Kritik vorbringen können; möglicherweise könnte dies mittel- und langfristig zu einer Systemänderung führen. In der Folge gelingt es den systemkonformen Figuren allerdings, die Bedrohung abzuwenden, Mias Aktionen als terroristische Taten zu diffamieren und das System am Ende des Romans zu stabilisieren.

4. Schlüsselstelle: „Die Falschaussage Würmers" (S. 214–219)

Kontext: Nach dem Sieg Mias vor Gericht (vgl. S. 168) setzen die systemkonformen Figuren alles daran, das System zu stabilisieren. Mia will Kramer für ihre Aufklärungsarbeit instrumentalisieren und diktiert ihm eine Stellungnahme, die ihre Wertüberzeugung beinhaltet und die im diametralen Gegensatz zu den Werten des Systems steht. Daraufhin wird sie wegen angeblicher Suizidgefahr inhaftiert. Kramer nutzt einen Besuch in ihrer Isolationshaft, um Mia mitzuteilen, dass sich auch die R.A.K.-Terrorgruppe auf sie berufe. Er bittet sie darum, zu gestehen, dass sie der Widerstandszelle der „Schnecken" angehöre und dass sie zusammen mit ihrem Bruder den Mord an Sibylle Meiler geplant habe, um einen Justizskandal und damit einen Umsturz herbeizuführen. Zu diesem Plan habe auch der Selbstmord von Moritz gehört, den Mia durch das Einschmuggeln einer Angelschnur überhaupt erst ermöglicht habe. Mia bestreitet die Vorwürfe vehement, allerdings keimt in ihr der Verdacht, dass die Ereignisse vom System selbst geplant worden sein könnten, um sich einer unliebsamen Opposition entledigen zu können.

Schlüsselstelle: Die Schlüsselstelle *Würmer* (S. 214–219) findet sich unmittelbar nach dem Besuch Kramers im Gefängnis. Nach der Ablösung von Richterin Sophie aus Befangenheitsgründen führt nun Richter Hutschneider das Verfahren gegen Mia Holl. Hutschneider wird gleich zu Beginn des Kapitels als ein Mensch charakterisiert, der völlig angepasst lebt und Beschaulichkeit schätzt; es stört ihn, dass er wegen des Falls nun im Mittelpunkt des öffentlichen Interesses steht.

Würmer wird als Mann mit dem Namen „Niemand" eingeführt, mit dem auf eine Aussage Mias gegenüber Kramer angespielt wird, sie habe „Niemanden" am Fluss getroffen (vgl. S. 207). Es kommt zu einer Gegenüberstellung mit dem Kronzeugen Würmer, dem ehemaligen Moderator von „Was alle denken", der aussagt, er habe sich mit Mia mehrfach in der „Kathedrale" verabredet und dass sie die Führung der „Schnecken" übernommen habe. Nach der Aussage wird er schnell abgeführt, sodass es Mia nicht gelingt, ihn zu einer Revidierung seiner falschen Aussagen zu bewegen.

Funktion: Die Falschaussage Würmers bestätigt die Vorwürfe Kramers; das Höchste Methodengericht setzt demzufolge das Verfahren gegen sie fort. In der Presse tauchen im Nachgang Berichte auf, nach denen Mia einen Anschlag mit Bakterienkulturen geplant habe; Mia identifiziert Tuben, in denen sie angeblich gefunden worden sind, als diejenigen, die Kramer bei seinem Besuch in ihrer Zelle mitgenommen hat. Auch ihre berufliche Beschäftigung mit Bakterien werde als Indiz gegen sie verwendet und in einen Zusammenhang mit dem angeblich geplanten Anschlag gebracht. Ihre Aussage, sie habe „niemanden" am Fluss getroffen, wird in einem absurden Sinne interpretiert, als habe sie einen Herrn Niemand getroffen. Auch die Information, dass Moritz als Kind mit Schnecken gespielt habe (vgl. S. 123), die Mia Heinrich Kramer gibt, wird nun völlig verdreht und als Mitgliedschaft in einer terroristischen Vereinigung namens „Schnecken" umgedeutet.

Diese Verdrehungen und Falschaussagen Würmers machen deutlich, dass das System über die notwendigen Druckmittel verfügt, mit denen es seine politischen Ziele durchsetzen kann. Es wird Mia zudem bewusst, dass alle Daten, die über sie gespeichert sind, nun gegen sie verwendet werden können: „Wenn die METHODE glaubt, in Mia Holl einen Gefährder vor sich zu haben, dann sieht sie auch einen Gefährder" (vgl. S. 226). Da Mia es ablehnt, ein falsches Geständnis zu unterschreiben, wird sie im Kapitel *‚Es' regnet* (S. 237–241) durch Stromstöße und Schlafentzug gefoltert. Schließlich wird sie im Kapitel *Siehe oben* (S. 250–259) schwerbewacht in einem Käfig in den Gerichtssaal gebracht, wo ihr letzter Prozess stattfinden soll. Sie ist unter anderem wegen Hochverrats und Beihilfe zum Mord angeklagt, die Staatsanwaltschaft fordert die Höchststrafe: Einfrieren auf unbestimmte Zeit. Die Verteidigung verzichtet auf einen Gegenantrag, da die Beweise gegen Mia – unter anderem auf der Grundlage von Würmers Äußerung – erdrückend seien (vgl. S. 253). Kurz vor der Urteilsvollstreckung wird Mia begnadigt; das System will sie nicht zur Märtyrerin machen und setzt auf eine Resozialisierung, wozu die erforderlichen Maßnahmen wie z. B. psychologische Betreuung, Bestellung einer Aufsichtsperson, Unterbringung in einer Resozialisierungsanstalt ergriffen würden.

Die Funktion der Schlüsselstelle besteht somit darin, deutlich zu machen, dass das System nahezu uneingeschränkte Macht über die Individuen hat und festlegen kann, was als Wahrheit anzusehen ist. Die Informationen, die das System über jedes Individuum hat, können je nach Kontext harmlos oder belastend sein; den Kontext stellt jeweils die Intention des Systems her.

REZEPTIONSGESCHICHTE 4

Das Stück

Ein enormes Presseecho erfuhr die Buchausgabe von 2009 und *Fragen zu „Corpus Delicti“* von 2020.

Positive Aufnahme

Das Presseecho auf die Theater-Aufführung wurde im Wesentlichen von positiven Kritiken geprägt, die „Neue Ruhr Zeitung“ sprach von einem Stück, das „ohne Bühnenturnerei und Effekthaschen auskommt und doch eine Menge zu bieten hat“, die „Süddeutsche Zeitung“ von einer „hoch spannende(n) Dystopie unseres kollabierenden demokratischen Wohlfahrtstaates“.[28]

Der Roman

Der Bezug zu aktuellen politischen Entwicklungen dürfte ein Grund dafür sein, weshalb die 2009 erschienene Romanfassung von *Corpus Delicti* sehr erfolgreich war, was auch an der Auflagenhöhe ablesbar ist: Im ersten Jahr nach dem Erscheinen des Romans wurden fast 50.000 Exemplare verkauft und innerhalb kurzer Zeit zahlreiche Neuauflagen gedruckt (die vorliegende 12. Ausgabe im btb-Verlag, aus der zitiert wird, stammt aus dem Jahre 2010).

Lob des thematischen Anliegens

Die Literaturseiten der überregionalen Zeitungen äußerten sich überwiegend positiv über das Werk, vor allem das thematische Anliegen wurde lobend hervorgehoben: So spricht Evelyn Finger in der „Zeit“ von einer „scharfsinnigen Zukunftsvision“[29], Christian Geyer bestätigt in der „Frankfurter Allgemeinen Zeitung“, dass die Autorin „an den Nerv unserer zutiefst verängstig-

---

28 Vgl. die Pressestimmen zur Ruhrtriennale 2007, abrufbar unter: http://archiv.ruhrtriennale.de/www.2007.ruhrtriennale.de/de/presse/pressestimmen/index.html#corpus-delicti (Stand August 2022).

29 Finger 2009.

ten Gesellschaft"[30] rühre, Christopher Schmidt bezeichnet den Roman in seiner Rezension in der „Süddeutschen Zeitung" als „politische Erweckungsliteratur"[31].

Dystopischer Gehalt ist Stärke des Buches

Die Stärke des Buches wurde dabei stets in seinem verstörenden dystopischen Gehalt entdeckt, der das Leben in einem Überwachungsstaat schildert:

> „Mit ihrer oft mit wenigen Strichen eher angedeuteten als im Detail breit ausgemalten Darstellung strafrechtlicher Tatbestände des kriminalrechtlichen Sanktionensystems und der darauf zugeschnittenen Verfahrensordnung hat die Autorin einmal mehr die (...) Gefährdungen zur Sprache gebracht, die namentlich dem Kriminalrecht drohen, wenn das Recht im Ganzen, statt dem Menschen und einer humanen Gestaltung des Zusammenlebens zu dienen, völlig im Dienst an einer überwertigen, menschenfeindlichen Ideologie aufgeht."[32]

Defizite in erzählerischer Hinsicht

Defizite stellte man hingegen in erzählerischer Hinsicht fest, vor allem die oberflächlich-typenhafte Figurenzeichnung wurde kritisiert: „Und die Figuren bleiben steril, als hätten sie mit Desinfektionsmittel gegurgelt."[33] Auch die Kritik von Rainer Moritz in der „Neuen Zürcher Zeitung" konzentriert sich auf die als schablonenhaft empfundene Figurenzeichnung: „Juli Zeh hat keine überzeugenden Mittel gefunden, ihre bedenkenswerten Botschaften formal adäquat zu gestalten."[34] Und Katharina Granzin verweist in der „Taz" auf die fast zu perfekte argumentative Anlage des Romans:

---

30 Geyer 2009.
31 Schmidt 2009.
32 Müller-Dietz 2011, S. 439.
33 Schmidt 2009.
34 Moritz 2009.

„Dieser kleine, konzentrierte Roman ist eines jener Gedankenexperimente, wie Zeh sie eben gut schreibt und die man, wenn man dergleichen nicht mag, leicht als zu durchkonstruiert, zu wohlformuliert, zu sehr auf den äußeren Effekt gearbeitet kritisieren kann. Das alles aber ist noch kein Argument gegen den Text an sich. Natürlich ist es wahr, dass man nach der Lektüre von *Corpus Delicti* nicht so grundlegend erschüttert zurückbleibt, wie man es von *1984* vielleicht noch im Gedächtnis hat."[35]

„Prophetischer Gehalt"

Da der Roman auf die Gefährdung von Bürgerrechten aufmerksam macht und damit ein Thema aufgreift, dem sich Zeh in verschiedenen Essays, u. a. in der programmatischen Schrift *Angriff auf die Freiheit* (2009, zusammen mit Ilja Trojanow) ausführlich gewidmet hat, nimmt es nicht wunder, dass die Enthüllungen des amerikanischen Whistleblowers Edward Snowden im Jahre 2013 dem Roman *Corpus Delicti* fast schon eine Art „prophetischen Gehalt" gaben.

Juli Zeh selbst äußerte sich sehr zufrieden mit der Rezeption ihres Textes:

„Ich war mit der Rezeption und der Auswirkung von *Corpus Delicti* wirklich zufrieden. Es war tatsächlich so, dass ich gemerkt habe, wie viele Menschen dieses Thema schon auf dem Schirm hatten und darüber auch tatsächlich sprechen wollten. Sie hatten bereits darüber nachgedacht und dann ist solch ein Buch ein willkommener Anlass, um die Diskussion wirklich aufzunehmen und damit ist schon viel erreicht. Das würde ich nicht unterbewerten."[36]

---

35 Granzin 2009.

36 Christoph Borgans und Michaela Meißner im Interview mit Juli Zeh in „Unique" vom 19. 05. 2011. https://www.unique-online.de/%E2%80%9Eich-bin-ein-groser-fan-der-freiheit%E2%80%9C/3340/

Fragen zu Corpus Delicti (2020)

Erneute Aktualität gewann das Thema „Gesundheitsdiktatur", wie in *Corpus Delicti* thematisiert, im Rahmen der Corona-Pandemie, die mit der Veröffentlichung Juli Zehs *Fragen zu „Corpus Delicti"* zusammenfiel (2020). Die Autorin beantwortet in dieser Neuerscheinung reale Fragen ihrer Leserinnen und Leser in einem fiktiven Interview. Zeh war daraufhin häufig Interview-Partnerin zu der Thematik ihres Romans und der Verfassungsmäßigkeit der Corona-Politik in Deutschland.[37]

Corpus Delicti wird auch als Schullektüre eingesetzt.

37 Vgl. beispielsweise https://www.goethe.de/ins/it/de/kul/lit/21808273.html

Rezension zu *Corpus Delicti*

„Juli Zeh attackiert mit Tragödienmustern die Hygienegesellschaft" – Katharina Granzin spricht in der „Taz" über den Roman.

„Jede Zeit hat ihre eigenen Moden, Phobien und Absurditäten, die irgendwann von anderen Phobien, Absurditäten und Moden abgelöst werden. Wenn aber eine paranoide gesellschaftliche Anwandlung ihrer regelgerechten Ablösung zu lange widersteht, bleibt die betroffene Gesellschaft nie unbeschadet zurück. (...)

Vergleich Theaterstück – Roman

Dieses Szenario entwarf Juli Zeh (dem Vernehmen nach Raucherin) mit ihrem ersten Theatertext *Corpus Delicti* für die Ruhrtriennale 2007. Jetzt ist *Corpus Delicti* als Prosawerk erschienen. Im Vergleich beider Texte profitiert die Prosavariante deutlich mehr von der gegenseitigen Befruchtung der Gattungen. Der Theatertext trägt sehr schweres Gepäck, da seine Autorin nicht verzichten will auf die gut eingeübte Erzählerrolle. Ausführliche narrative Passagen, die nicht einmal ansatzweise vorgeben, Regieanweisungen zu sein, machen den Text zwar gut lesbar, lassen ihn als dramatische Vorlage jedoch deutlich überdeterminiert wirken. (Es muss halt die jeweils regieführende Person ein echtes Stück daraus machen.)

Dass Zeh nicht wirklich versucht hatte, sich den Erzählgestus zu verkneifen, konnte ihr andererseits beim Abfassen des Prosatextes viel Arbeit ersparen; denn so galt es hauptsächlich, zwischen den Repliken noch hier und da ein ‚sagte Mia' und minimale zusätzliche Handlungsbeschreibungen einzufügen.

Das nun vorliegende Werk heißt in der Unterzeile ‚Ein Prozess' statt ‚Ein Roman', was angesichts der Tatsache, dass Zehs romanhafter Dramentext überall umstandslos als Theaterstück bezeichnet wird, etwas pedantisch erscheint. Hier aber soll dieser ‚Prozess' Roman genannt sein. Dieser Roman also profitiert sehr von seiner Entstehungsgeschichte. Für die Bühne gedacht, sind Zeit, Ort und Handlung in mustergültiger Weise komprimiert vorhanden, was dem Text eine auf das Wesentliche reduzierte, klaustrophobische Anmutung verleiht.

Eine klassische Tragödie wird zitiert

Vor dem Hintergrund von Zehs antiutopischem Gesundheitsterror wird eine klassische Tragödie gegeben oder besser: zitiert. Mia Holl, so heißt die Heldin, ist eine junge Frau, die ihren Bruder verloren hat; eine Antigone der postpolitischen Hygienegesellschaft. (...)

„Kein weiblicher Orwell"

Aus Juli Zeh aber ist, obwohl das nach der Uraufführung von *Corpus Delicti* gern mal so hingeschrieben wurde, mit diesem neuen Werk noch lange kein weiblicher George Orwell geworden. Dieser kleine, konzentrierte Roman ist eines jener Gedankenexperimente, wie Zeh sie eben gut schreibt und die man, wenn man dergleichen nicht mag, leicht als zu durchkonstruiert, zu wohlformuliert, zu sehr auf den äußeren Effekt gearbeitet kritisieren kann. Das alles aber ist noch kein Argument gegen den Text an sich. Natürlich ist es wahr, dass man nach der Lektüre von *Corpus Delicti* nicht so grundlegend erschüttert zurückbleibt, wie man es von *1984* vielleicht noch im Gedächtnis hat. Aber es würde ja auch niemand ernsthaft die Gesundheitskarte in puncto Totalitarismuspotenzial gegen den Stalinismus aufrechnen. Oder etwa doch?

Allein die Tatsache, dass der Handlungsverlauf den Orwell-Vergleich tatsächlich nahelegt, sollte eigentlich zeigen, dass Zehs Roman/Stück/‚Prozess' bei aller formalen Tragödienhaftigkeit auch eine satirische Deutung zulässt. Doch gleichzeitig ist er von einer so unironischen Ernsthaftigkeit, dass diese

Deutung ganz und gar unmöglich scheint. Da muss man dann doch fragen dürfen: Warum?“[38]

Interviews mit Juli Zeh

INTERVIEW I

„Plädoyer gegen die Fitness-Diktatur“ – Juli Zeh spricht mit Johannes Gernert vom „Stern“ über ihren Roman *Corpus Delicti*.

„Deshalb haben Sie Ihren neuen Roman ‚Corpus Delicti‘ veröffentlicht, der in einer Gesundheitsdiktatur spielt.

Es ist das erste Mal, dass ich ein Buch geschrieben habe, um mich zu erleichtern. Ich hatte richtig das Bedürfnis, das aufzuschreiben, damit ich jetzt sagen kann: Ich habe ein Mal darauf hingewiesen!

Ihr Roman entwirft eine Kontrollgesellschaft, in der der Einzelne sich als Kämpfer für den gesunden Körper beweisen muss. Es gibt ein Pflichtpensum an Sport, selbst in den Toiletten wird der Magensäuregehalt gemessen, um Krankheiten sofort zu registrieren und auszumerzen. Sie denken sich aber gar nicht allzu viel aus, Sie nehmen aktuelle Entwicklungen und spitzen sie zu.

Ich wollte keine Zukunftsvision schreiben und sagen: In so und so viel Jahren sieht es so und so aus. Ich habe tatsächlich Dinge, die jetzt schon da sind, in ein fiktives System übertragen und ein bisschen überdreht. (…)

In Ihrem Buch ziehen Sie die Pflichtuntersuchungen vor: Sie finden schon am Ungeborenen statt.

---

38 Granzin 2009.

Es kann nicht mehr lange dauern, bis man Fruchtwasseruntersuchungen machen muss. Es ist ja auch schon so, dass das Amt vor der Tür steht, wenn man zu den Vorsorgeuntersuchungen für seine Kinder nicht geht. (…)

Wie erklären Sie sich diese Entwicklung?

Gesundheitsstreben als Religionsersatz

Es ist ein Religionsersatz geworden für die Leute. Über viele hundert Jahre galt die Vorstellung: Der Körper ist Asche und Staub. Die Seele aber wird nach dem Tod in eine andere Welt überführt, die ist das Eigentliche und Heilige. Und es gibt einen Gott, der unser Schicksal bestimmt. Eine Krankheit ist dann auch eine Entscheidung Gottes, die ich zu ertragen habe. Dieses Weltbild wurde komplett abgebaut, selbst religiöse Leute sehen das heute etwas anders. Übrig bleibt der Mensch mit einem ungeheuren Maß an Selbstverantwortung und ohne einen Gott, der über richtig oder falsch, gesund oder krank entscheidet. Nur beim Einzelnen liegt die Verantwortung. Daraus entwickelt sich so ein Zwang zum Glücklichsein. Und zu glücklich gehört dabei auch gesund. So rennen die Leute dann verzweifelt irgendwelchen Ratgeberhinweisen hinterher, wie sie denn diesen heiligen Zustand auf Erden erreichen können, für den sie auf einmal ganz allein verantwortlich sind. Wer das nicht hinkriegt, ist selber schuld. Nicht nur vor sich selbst, sondern auch vor seinem Freundeskreis und letztlich vor der Gesellschaft. Ein religiöses Zwangssystem hat sich in ein areligiöses Zwangssystem verwandelt. (…)“[39]

INTERVIEW II

„Wir werden manipulierbar und unfrei“ – Juli Zeh spricht mit Karin Janker von der „Süddeutschen Zeitung“ darüber, wie die düstere Zukunftsvision in *Corpus Delicti* durch die Versicherung „Generali“ in die Wirklichkeit umgesetzt wird.

---

39 Johannes Gernert im Interview mit Juli Zeh im „Stern“ vom 24. 03. 2009.

„Die Versicherung [Generali] will Kunden einen ermäßigten Tarif anbieten, wenn sie sich dafür selbst per App überwachen. Schritte zählen, Gewicht messen, Sport und Kalorienmenge dokumentieren. Der Lohn ist bessere Gesundheit – und ein günstigerer Preis. Hört sich doch gut an …

Aber das Streben nach Sicherheit, Gesundheit, Schmerz- und Risikofreiheit führt letztlich zu einem totalitären Gesellschaftsmodell. Wir folgen derzeit dem Irrglauben, unser Schicksal, sprich unsere Zukunft beherrschen zu können, indem wir ständig alles ‚richtig' machen und uns unentwegt selbst optimieren – auf der Arbeit, bei Gesundheit und Ernährung, selbst bei Liebe und Sex. Alles ist Leistungssport. Wir glauben, dadurch Kontrolle über unser Leben zu gewinnen. In Wahrheit werden wir manipulierbar und unfrei. (…)

Selbstoptimierung als Kontrolle über das eigene Leben

Im Fall der Krankenversicherung droht ein ganz konkretes Problem: Erst profitiere ich vom Rabatt, dann – wenn man alt oder krank wird – wendet sich das Belohnungssystem gegen mich. Müsste der Staat solche Geschäftspraktiken nicht verhindern und seine Bürger durch Gesetze schützen?

Unbedingt! Die Politik muss endlich kapieren, mit was für einer Entwicklung wir es da zu tun haben. Es geht hier keineswegs um das Wohl des Einzelnen, sondern einzig und allein um die Interessen von mächtigen Konzernen. Es ist die Aufgabe von Politik, das Individuum davor zu schützen, zum Objekt von Interessen zu werden. (…)

Die Währung ändert sich: Wir bezahlen künftig mit Daten. Wo ist der Haken bei diesem Geschäft?

Zum einen bei der Transparenz: Wir wissen gar nicht, was unsere Daten wert sind, also wissen wir auch nicht, wie viel wir für eine

„Wir bezahlen mit unserer Intimität"

Leistung bezahlen. Momentan ist das Geschäft mit Daten in den meisten Fällen Abzocke – der Verbraucher bekommt eine lächerliche Prämie für einen Datensatz, der womöglich sehr viel Geld wert ist. Zum anderen ist ‚Geld' als Währung ein anonymisiertes Zahlungsmittel – und übt schon genug Macht und Einfluss auf unser Leben aus. Daten sind aber personalisiert, sie verraten alles über uns. Wir bezahlen mit unserer Intimität. Dadurch begeben wir uns immer weiter in die Hände von Akteuren, die unser Verhalten und unsere Entscheidungen steuern."[40]

INTERVIEW III

„Sonst funktioniert der Laden nicht" – Juli Zeh spricht mit Susanne Sitzler vom Jugendmagazin der Bundeszentrale für politische Bildung „fluter" über Eingriffe in die Freiheit und kritisches Bewusstsein.

„Wir leben aber in einer funktionierenden Demokratie. Was ist also dabei, wenn gespeichert wird, wohin ich reise oder mit wem ich telefoniere?

Kein gesundes Misstrauen dem Staat gegenüber

Ganz grundsätzlich – und so sieht das auch die Verfassung – stellt schon das Sammeln dieser Informationen einen Eingriff in unsere Freiheit und unsere Rechte dar. Komischerweise ist das Gefühl dafür bei vielen Leuten nicht sehr ausgeprägt. Würde ihnen der Nachbar hinterherschnüffeln oder sich plötzlich für ihre E-Mails interessieren, würden sie misstrauisch werden, sich wehren oder ihn womöglich anzeigen. Dem Staat gegenüber haben viele Menschen dieses gesunde Misstrauen nicht.

Warum sind die Leute so unbedarft?

Ich denke, das hat mehrere Gründe. Zum einen ist es eine Generationenfrage: Wer nicht mit Computer und dem Internet aufge-

40 Karin Janker im Interview mit Juli Zeh in der „Süddeutschen Zeitung" vom 26. 11. 2014.

wachsen ist, versteht vielleicht nicht, was Onlineüberwachung oder Vorratsdatenspeicherung bedeuten. Es gibt aber auch Leute, denen ist es egal, weil sie glauben, nicht betroffen zu sein, nach dem Motto: Solange ich nichts Schlimmes mache, kann mir doch auch nichts passieren.

Sie wehren sich also gegen ein blindes Vertrauen gegenüber dem Staat?

„Demokratie ist ein Prozess"

Genau. Das ist eine Haltung, gegen die ich mich grundsätzlich wehre. Wir können wirklich froh und stolz darauf sein, was wir hier haben. Aber es läuft ja nur super, solange die Leute mitdenken und immer wieder kritisch sind. Man kann Demokratie nicht basteln wie eine schöne Statue, die dann auf immer besteht. Demokratie ist ein Prozess, an dem alle mitwirken müssen. Und bevor man auf eine Demo geht oder sein Kreuzchen auf einem Wahlschein macht, heißt es erst einmal Nachdenken! Ohne kritisches Bewusstsein funktioniert der Laden nicht.

In Ihrem Buch weisen Sie darauf hin, dass die Menschen-, Bürger- und Grundrechte nicht vom Himmel gefallen sind.

Das sollte man sich immer wieder vergegenwärtigen: Diese Rechte wurden gegen einen Staat durchgesetzt. Die Organisationsform Staat – egal ob Demokratie, Aristokratie oder Diktatur – hat immer etwas mit Macht zu tun, das kann man schon bei Rousseau nachlesen. In unserem modernen Verständnis muss diese Macht in ihre Schranken gewiesen werden. Und Demokratie ist ja nichts anderes als ein riesiges Verfahren, um Macht zu zerstreuen, sie auszubalancieren und zu verteilen. Heute profitieren wir davon, dass diese Rechte für uns erstritten wurden, also haben wir auch die Pflicht, sie zu beschützen."[41]

41 Susanne Sitzler im Interview mit Juli Zeh in „fluter" vom 16. 03. 2011. Das Interview ist leider auf der Online-Seite des *fluters* nicht mehr abrufbar.

INTERVIEW IV

„Ich bin ein großer Fan der Freiheit" – Juli Zeh spricht mit Christoph Borgans und Michaela Meißner vom Studentenmagazin „Unique" über Verbotskultur und die Funktion von Literatur.

„Die fatale Idee, auf der das Staatssystem im Roman basiert – ‚die Gemeinschaft schuldet uns Fürsorge und daher schulden wir der Gemeinschaft das Bemühen, möglichst Not zu verhindern'. Das klingt eigentlich recht logisch.

Gefahr der Aufkündigung der Solidaritätsidee

Ja, das ist das Gefährliche daran. Dieser Gedanke wird ja heute auch schon gedacht; zumindest im Bezug auf die Sozialsysteme ist es etwas, das man immer wieder hört. Nach dem Motto: ‚Wir helfen Leuten in der Not, dann sind diese aber auch dazu verpflichtet, die Not zu vermeiden.' Der Gedanke ist auch nicht ganz falsch, aber wenn man ihn zu weit treibt, kommt es einer Aufkündigung der Solidaritätsidee gleich. Die sagt schließlich nicht: ‚Wir verpflichten euch, dass es euch gut geht', sondern ‚Wir helfen euch in der Not'. Dieses Weiterdrehen ist genau der Punkt, an dem der Staat, der wirklich unterstützen und Chancen eröffnen will, umkippt in einen Staat, der versucht, autoritär den Menschen ihre Lebenswege vorzuzeichnen.

Da wird aus ‚Frage dich, was du für dein Land tun kannst' dann ‚Frage dich, ob du deinem Land nicht schadest' und vor allem ‚ob dein Nachbar dem Land nicht schadet'?

Begünstigung des Denunziantentums

Das kommt immer hinzu, wenn man Leuten erst mal staatlich nahelegt, wie sie zu sein haben. Damit begünstigt man auch das Denunziantentum. Das sieht man in kleinen Bereichen. Wer zum Beispiel in Bayern oder Schwaben versucht, seinen Müll nicht zu trennen, der wird feststellen, dass ihn nicht etwa die Polizei oder das Ordnungsamt belehren, sondern die Nachbarn. Je mehr Regeln es gibt, desto mehr machen sich Menschen das zu eigen und schlüpfen in die Rolle des ‚Hilfssheriffs'. Das ist ein Grund, warum ich glaube, dass es keine gute Idee ist, diese Verbotskultur weiter zu fördern.

Und was ist nach Ihren Maßgaben ein gelungenes Leben?

Totale Sicherheit kann nicht zum Glück führen

Ich glaube nicht, dass totale Sicherheit zum Glück führt. Dafür gibt es auch keine Beispiele – abgesehen davon, dass totale Sicherheit mit staatlichen Mitteln nicht zu erreichen ist. Man erkennt gerade in Staaten, die sehr stark kontrollieren, sehr totalitär sind – also in Diktaturen – die heute schon existieren und drakonische Strafen für kleinste Vergehen verhängen, dass dort die Kriminalitätsstatistiken nicht etwa sinken, sondern steigen. Es gibt diesen Zusammenhang nicht. Zudem glaube ich nicht, dass die Menschen dafür geboren sind, um zu Hause zu sitzen und in Watte gepackt zu werden. Wir streben alle an, uns selbst entfalten und kennenlernen zu können, das Leben selbst als solches zu erfahren. Und dazu gehören immer beide Seiten der Medaille. Unser Leben spaltet sich immer in diese Dualismen.

Hat es überhaupt noch Sinn Dystopien zu schreiben, wenn trotz der Rezeption des Buches keine sichtliche Veränderung stattfindet?

Ich sehe die Funktion von Literatur anders. Es geht in erster Linie darum, dass wir uns als Menschen miteinander verständigen, einen Diskurs führen, in dem bestimmte Themen aufgenommen werden. Daher bin ich der Ansicht, dass Literatur auch ein traditionell aufklärerisches Anliegen ist. (...)

Wenn sich die Situation in unserem Land doch zum Negativen verändern würde, wäre von Ihrer Seite ein Übertreten des gesetzlich Erlaubten zu erwarten?

Das hängt nicht von mir ab. Das hängt davon ab, wie sich die Verhältnisse entwickeln. Wie gesagt: Unsere Gesellschaft, wie sie heute aufgestellt ist, würde ich nach wie vor als gut funktionierend, als sehr demokratisch und als grundsätzlich in Ordnung bezeichnen."[42]

Juli Zeh: *Vom Sozialstaat zum Kontrollsystem*

Juli Zeh spricht in der „Zeit" über ein Gesundheitssystem, das Kranke melden soll, die ihr Leiden selbst verschuldet haben.

„Das Bundesgesundheitsministerium arbeitet an einer Gesetzesinitiative, die Ärzte verpflichten soll, unter Aufhebung der Schweigepflicht bestimmte Patienten bei den Krankenkassen zu melden. Und zwar solche Patienten, die an ihrem jeweiligen Leiden selbst schuld sind. Als Beispiele werden die Folgen von Tätowierungen, Piercings oder Schönheitsoperationen genannt. (…)

Meldepflicht für Krankheiten, die sich Patienten „vorsätzlich" zugezogen haben

Diese neue, fiktive Bürgerspflicht gibt dem Staat ein Machtinstrument an die Hand, welches auf fatale Weise an Huxleys *Brave New World* erinnert. ‚Krankheit' wird potenziell mit ‚Schuld' identifiziert, und um innerhalb dieses Zusammenhangs die Spreu vom Weizen zu trennen, bedarf es einer perfiden Form von Selektion. Tätowierte, Gepiercte und Schönheitsoperierte, lehrt uns der Gesetzesentwurf, gehören schon mal zu den schwarzen Schafen. Auch Patienten, die sich durch ein von ihnen begangenes Verbrechen oder Vergehen selbst geschädigt haben, sollen laut der neuen Initiative gemeldet werden. Wer also beim Kirschenklauen vom Baum fällt, sollte fürderhin besser keinen Arzt aufsuchen, da dieser den medizinischen Fall nicht vertraulich behandeln könnte und die entstandenen Kosten ohnehin nicht von den Kassen gedeckt würden. Und um

---

42 Christoph Borgans und Michaela Meißner im Interview mit Juli Zeh in „Unique" vom 19. 05. 2011. https://www.unique-online.de/%E2%80%9Eich-bin-ein-groser-fan-der-freiheit%E2%80%9C/3340/

die neue staatliche Zugriffsgewalt endgültig in ein weites Feld zu verwandeln, soll die Meldepflicht generell für Krankheiten gelten, die sich der Patient ‚vorsätzlich' zugezogen hat.

In der Sprache der Juristen bedeutet einfacher Vorsatz, eine bestimmte Folge ‚billigend in Kauf zu nehmen'. Nimmt also der Raucher den eventuellen Lungenkrebs billigend in Kauf? Der Alkoholiker die Leberzirrhose? Der Schokoladenliebhaber sein Übergewicht? Der Homosexuelle die mögliche AIDS-Infektion? Der Skifahrer den Beinbruch, der Fußballspieler den Bänderriss, der Autofahrer das Schleudertrauma? Und wie haben wir uns das Antlitz eines Behördenapparats vorzustellen, der in all diesen Situationen das Urteil ‚schuldig' oder ‚unschuldig' fällt?

„Nimmt also der Raucher den eventuellen Lungenkrebs billigend in Kauf?"

Auf jeden Fall hässlich. Es wäre ein Staat, der seinen Bürgern vorschreibt, auf welche Weise sie mit ihrem Ureigensten, ihrer höchstpersönlichen Physis zu verfahren haben – beim Sex, beim Sport, beim Essen, beim Glühbirnenwechsel im Badezimmer – letztlich bei jeder denkbaren Alltagsbewegung. Nicht ohne Grund verfügen wir über ein Rechtssystem, das es bei Strafe verbietet, andere Menschen zu verletzen oder auch nur zu gefährden, während Selbstgefährdungen bis hin zur Selbsttötung straflos bleiben. Die Kernidee der Demokratie wurzelt in jenem kleinen, intimen Bereich, in dem der Mensch frei ist, also die volle Hoheitsgewalt über sich selbst besitzt. Eigentlich sprechen wir hier nicht von ‚Kostenkontrolle', sondern von ‚Menschenwürde'.

Wer an diesen Grundsätzen rüttelt, pervertiert unser immer noch gültiges Menschen- und Gesellschaftsbild. Oder, in der Sprache der Gesetzesinitiative ausgedrückt, er fügt dem Gesellschaftskörper vorsätzlich Schaden zu. Die Schweigepflicht sei aufgehoben, der Meldepflicht hiermit genügt: Ein weiterer Fall von Erosion des demokratischen Denkvermögens im fortgeschrittenen Stadium wurde identifiziert. Impft euch. Schützt euch. Tut was dagegen.“[43]

Zeh/Trojanow: *Angriff auf die Freiheit*

Juli Zeh und Ilja Trojanow warnen in ihrem 2009 erschienenen Sachbuch vor dem Verschwinden der Privatsphäre und der zunehmenden Überwachung seitens des Staates.

„Wir wollen Sie warnen. (...) Wir wollen uns nicht in zwanzig Jahren dem Vorwurf stellen müssen, wir hätten es wissen und verhindern können. Wir wollen nicht die Frage beantworten, wie es denn gekommen sei, daß sich unsere Gesellschaften wie eine Horde entfesselter Halbstarker in einen Bandenkrieg hineinziehen ließen und darüber ihre Grundsätze vergaßen.

Aufforderung zum Kampf um unsere Freiheit

Es gibt keinen determinierten Ablauf der ‚Geschichte‘. Jedem Schritt liegt menschlicher Wille zugrunde. Deswegen fordern wir Sie auf, lieber Leser, zu erkennen, daß uns ein Kampf um unsere Freiheit und unsere Privatsphäre bevorsteht, ein Kampf, der sofort beginnen muß, denn die Zukunft unserer Gesellschaft wird gegenwärtig verhandelt, ohne daß unsere Meinung gehört wird. Wollen Sie warten, bis Ihren Kindern bei der Geburt ein Chip ins Halsfleisch gepflanzt wird, der eine sechzehnstellige Personenkennzahl enthält und über Satellit zu orten ist (so wie es bei Ihrem Haustier, falls Sie eins haben, schon der Fall ist)?

„Wer nichts zu verbergen hat, der hat bereits alles verloren“

Was Sie tun können? Sehr viel. Zunächst einmal können Sie Ihre eigene Einstellung überprüfen. Streichen Sie die Wendung ‚Ich habe ja nichts zu verbergen‘ aus Ihrem Wortschatz, denn wer nichts zu verbergen hat, der hat bereits alles verloren. Es ist gut, daß Sie etwas zu verbergen haben, Und so sollte es

---

43 Zeh 2010.

auch bleiben. Verteidigen Sie Ihre Geheimnisse, sie gehören Ihnen.

Erliegen Sie nicht den simplen Freund-Feind-Schemata, die Ihnen tagtäglich aufgetischt werden. (...) Distanzieren Sie sich von Panikmache und Skandallust. Entwickeln Sie eine Sensibilität für den Wert Ihrer Daten und Ihrer Intimsphäre. Geben Sie nicht an jeder Supermarktkasse alles preis, nur um sich einen läppischen Rabattvorteil zu verschaffen, entblößen Sie sich nicht auf MySpace, nur um sich wichtig zu machen. Analysieren Sie, wie politische Parteien mit der Privatsphäre des Einzelnen umgehen, und überlegen Sie sich, welche von ihnen wählbar ist. Setzen Sie Ihren Bundestagsabgeordneten unter Druck, in dieser Frage Farbe zu bekennen. Machen Sie sich klar, daß ein Staat nicht ‚gut' ist durch das, was er darstellt, sondern höchstens durch das, was er tut. Wir sind dabei, unsere persönliche Freiheit gegen ein fadenscheiniges Versprechen von ‚Sicherheit' einzutauschen. Die gegenwärtige Gleichgültigkeit im Umgang mit der Privatsphäre läßt ahnen, wie Staat und Konzerne in Zukunft über uns verfügen werden, sollten wir ihnen erlauben, noch umfassendere Instrumente der Kontrolle einzuführen. Dann wird es allerdings zu spät sein zum Widerstand. Ein autoritärer Staat kann jeden Protest im Keim ersticken, mit Hilfe von Gesetzen, die heute verabschiedet werden, um uns angeblich zu schützen. Wehren Sie sich. Noch ist es nicht zu spät."[44]

Sensibilität für den Wert von Daten entwickeln

Holger Steltzner: *Bargeld ist Freiheit*

Holger Steltzner spricht in der „Frankfurter Allgemeinen Zeitung" über das Ende der Privatheit durch die Abschaffung des Bargeldes.

---

44 Zeh/Trojanow 2009, S. 136–139.

„‚Geld ist geprägte Freiheit', hat der russische Schriftsteller Fjodor Dostojewski im 19. Jahrhundert über seine Zeit im Straflager geschrieben. Er meinte Bargeld, moderne Zahlungsmittel gab es noch nicht. Doch nur die digitale Zahlung ermöglicht die totale Kontrolle durch Staaten, Finanzinstitute oder Internetanbieter. Was damals galt, gilt heute erst recht. Im 21. Jahrhundert erfolgt der digitale Zugriff auf das Innere unserer Köpfe mit der Wucht einer Exponentialfunktion. In der digitalen Welt wird alles mit allem vernetzt sein, wird alles aufgezeichnet, augenblicklich verwertet, ist die Analyse von Unmengen Daten in Echtzeit das moderne Gold, ist Big Data für alle Geschäft und Schicksal zugleich. In einer Welt, in der alles, was man kauft und konsumiert, verfolgt wird, gibt es keine Privatheit mehr, zählt das Recht an den eigenen Daten nichts, herrscht die perfekte Kontrolle – mit allen denkbaren politischen, wirtschaftlichen oder kriminellen Konsequenzen.

„In der digitalen Welt kann nur das Bargeld den Menschen vor einer grenzenlosen Verfolgung schützen"

In der digitalen Welt kann nur das Bargeld den Menschen vor einer grenzenlosen Verfolgung schützen. Deshalb ist Bargeld nicht nur Geld, sondern zugleich privates Vermögen und gelebte Freiheit. Weil die Leute das spüren, reagieren viele Deutsche empört auf den Angriff auf das Bargeld, den die große Koalition plant, indem das von der CDU geführte Finanzministerium eine Grenze für Bargeldzahlung einführen will und die SPD große Geldscheine gleich ganz verbieten möchte. Da ist es nicht mehr weit bis zur Abschaffung von Bargeld, wie das Nachbarland Dänemark zeigt, wo vom nächsten Jahr an die Notenbank keine Banknoten mehr drucken will.

Beim Feldzug gegen das Bargeld geht es um mehr als das Bezahlen. Ginge es nur darum, könnte man die Leute einfach selbst entscheiden lassen, wie sie künftig zahlen wollen. Es geht um das Ende von Privatheit und selbstbestimmter Entscheidung, um Lenkung von Verhalten und um den Zugriff auf das Vermögen. Der Bevormundung des Bürgers wäre in einer solchen Welt keine Grenze gesetzt, Geld wäre kein privates Eigentum mehr. Der Übergewichtige könnte mit seiner Karte auf einmal die Kalorienbombe nicht mehr zahlen, der Alkoholiker sich die Weinflasche nicht mehr besorgen, und am ‚Veggie Day' dürfte man mit seinem Smartphone kein Fleisch mehr kaufen. Der Zugriff des Fiskus auf das Konto des Bürgers wäre selbstverständlich. Und in totalitären Staaten gäbe es kein Entrinnen vor Überwachung und Unterdrückung. (...)"[45]

Immanuel Kant: *Beantwortung der Frage: Was ist Aufklärung?*

In seiner berühmten Schrift aus dem Jahre 1784 legt der Königsberger Philosoph Immanuel Kant (1724–1804) dar, was das Ziel der Aufklärung ist.

„*Aufklärung ist der Ausgang des Menschen aus seiner selbstverschuldeten Unmündigkeit. Unmündigkeit* ist das Unvermögen, sich seines Verstandes ohne Leitung eines anderen zu bedienen. *Selbstverschuldet* ist diese Unmündigkeit, wenn die Ursache derselben nicht am Mangel des Verstandes, sondern der Entschließung und des Mutes liegt, sich seiner ohne Leitung eines andern zu bedienen. Sapere aude! Habe Mut, dich deines *eigenen* Verstandes zu bedienen! ist also der Wahlspruch der Aufklärung.

„Habe Mut, dich deines *eigenen* Verstandes zu bedienen!"

Faulheit und Feigheit sind die Ursachen, warum ein so großer Teil der Menschen, nachdem sie die Natur längst von fremder Leitung freigesprochen (naturaliter maiorennes), dennoch gerne zeitlebens unmündig bleiben; und warum es anderen so leicht wird, sich zu deren Vormündern aufzuwerfen. Es ist so bequem, unmündig zu sein. Habe ich ein Buch, das für mich Verstand hat, einen Seelsorger, der für mich Gewissen hat,

„Es ist so bequem, unmündig zu sein"

45 Steltzner 2016.

einen Arzt, der für mich die Diät beurteilt usw., so brauche ich mich ja nicht selbst zu bemühen. Ich habe nicht nötig zu denken, wenn ich nur bezahlen kann; andere werden das verdrießliche Geschäft schon für mich übernehmen. Dass der bei weitem größte Teil der Menschen (darunter das ganze schöne Geschlecht) den Schritt zur Mündigkeit, außer dem dass er beschwerlich ist, auch für sehr gefährlich halte, dafür sorgen schon jene Vormünder, die die Oberaufsicht über sie gütigst auf sich genommen haben. Nachdem sie ihr Hausvieh zuerst dumm gemacht haben und sorgfältig verhüteten, dass diese ruhigen Geschöpfe ja keinen Schritt außer dem Gängelwagen, darin sie sie einsperreten, wagen durften: so zeigen sie ihnen nachher die Gefahr, die ihnen drohet, wenn sie es versuchen, allein zu gehen. Nun ist diese Gefahr zwar eben so groß nicht, denn sie würden durch einige Mal Fallen wohl endlich gehen lernen; allein ein Beispiel von der Art macht doch schüchtern und schreckt gemeiniglich von allen ferneren Versuchen ab. (…)

„Das Joch der Unmündigkeit" abwerfen

Dass aber ein Publikum sich selbst aufkläre, ist eher möglich; ja es ist, wenn man ihm nur Freiheit lässt, beinahe unausbleiblich. Denn da werden sich immer einige Selbstdenkende, sogar unter den eingesetzten Vormündern des großen Haufens finden, welche, nachdem sie das Joch der Unmündigkeit selbst abgeworfen haben, den Geist einer vernünftigen Schätzung des eigenen Werts und des Berufs jedes Menschen, selbst zu denken, um sich verbreiten werden. (…)

Zu dieser Aufklärung aber wird nichts erfordert als *Freiheit*; und zwar die unschädlichste unter allem, was nur Freiheit heißen mag, nämlich die: von seiner Vernunft in allen Stücken *öffentlichen Gebrauch zu* machen."[46]

46 Kant 1922, S. 167 f.

Definition „Science-Fiction"

Konglomerat aus älteren Genres, handlungsorientiert

„**Science-Fiction**, f. ['sajəns 'fikʃən; engl. *science* = (Natur-) Wissenschaft, *fiction* = Erfindung, Erzähllit.], Form der phantastischen Lit., die das (zukünftige) Neue als wissenschaftlich, logisch und rational begründet erscheinen lässt. Als Konglomerat aus älteren Genres wie Utopie, Märchen, Reise-, Abenteuer-, Schauer-, Kriminal- und Kriegsroman entstanden, hat die S. (Abkürzung häufig; ‚SF') ein Motivinventar herausgebildet, das u. a. umwälzende wissenschaftlich-technische Erfindungen, Weltraumreisen, außerirdische Lebewesen, künstliche Intelligenzen, Parapsychologie, Zeitreisen und virtuelle Welten umfasst. Im Unterschied zur Utopie ist die S. stärker handlungsorientiert: Typische Muster liefern Begegnung und Kampf mit alternativen – organischen, anorganischen oder hybriden – Lebensformen, planetarische Invasion und Kolonisierung, kosmische Katastrophen sowie die technologische Umgestaltung von Erde und menschlicher Spezies oder Verschwörungen globaler Konzerne. Die S. ist heute ein Produkt-, Medien- und Marketingverbund aus Büchern, Heftreihen, Comics, Hörspielen, Musik, Filmen, Fernsehserien, Computerspielen und Design mit Nebenprodukten wie T-Shirts, Posters, Puzzles, Robotern und Spielzeugwaffen. Im Vergleich zu Erfolgsfilmen spielt die Lit. eine eher nachrangige Rolle (...)."[47]

Das vollkommene Glück aller wird als erreichbar vorgestellt

„**Utopie**, f. [von *utopía*, Kunstwort, gebildet 1516 von Th. Morus zur Bez. eines idealen ‚Nirgendreichs' auf einer Insel, aus gr. *ou* = nicht, und *tópos* = Ort], Entwurf eines idealen Gemeinwesens und Staates, in dem Unglück, Gebrechen und gesellschaftliche Ungerechtigkeiten durch soziale, politische,

47 Innerhofer 2007a, S. 698 f.

ökonomische, kulturelle Reformen oder Revolutionen in das vollkommene Glück aller verwandelt sind. Die U. stellt eine alternative (progressive oder regressive) Ordnung dar, in der Kontingenz und Unberechenbarkeit möglichst ausgeschaltet sind. Im Unterschied zum negativen alltagssprachlichen Gebrauch des Begriffs im Sinne von ‚wirklichkeitsfremdes Phantasieprodukt, Hirngespinst, Wahnbild oder Schwärmerei' wird im utopischen Roman, Dialog, Essay und in der utopischen Abhandlung ein den religiösen Paradiesvorstellungen entsprechendes Ziel der menschlichen Hoffnungen und Wünsche als erreichbar vorgestellt.

Wurzeln der Utopie in der Antike

Die Wurzeln der U. sind in der gr. Antike zu finden, bes. in Platons von Philosophen regiertem Idealstaat ‚Politeia' (4. Jh. v. Chr.). Bis zur Neuzeit ist dieser ein statisches Gebilde, in dem sich eine höhere, meist gottgewollte Ordnung verkörpert. Seit F. Bacons *Nova Atlantis* (1627) bildet sich aber ein dynamischeres U.modell heraus, in dem Wissenschaft und Technik die zunehmende Perfektionierung der Gesellschaft befördern. Hier wird die totale Beherrschung der Natur zur Grundlage allg. Glückseligkeit.

19. Jh.

Seit dem Ende des 19. Jh.s, als die weißen Flecken auf dem Globus zusammenschmolzen, wird die U. oft nicht mehr an abgelegenen Orten, sondern in entfernten Zeiten angesiedelt (‚Uchronie'). Die totalitären

20. Jh.

Systeme des 20. Jh.s haben den U.begriff in Verruf gebracht und die Skepsis gegen alle Projekte der ‚Zwangsbeglückung' und jede profane Heilserwartung genährt. Nicht nur der Gewaltherrschaft unter dem Zeichen eines ‚Tausendjährigen Reichs' oder einer ‚Diktatur des Proletariats' gilt das Misstrauen, sondern dem Kern des utopischen Gedankens: dass das Glück des Einzelnen in einer idealen Gesellschaftsordnung begründet sein müsse. Einer solchen prinzipiellen Ablehnung des utopischen Denkens und dem mit ihm verbundenen Ideologieverdacht kann ein U.verständnis entgegengehalten werden, in welchem mit E. Bloch (*Geist der U.*, 1918/23; *Das Prinzip Hoffnung*, 1954–59) das Utopische nicht als normative Zielvorstellung, sondern als Korrektiv, als Widerstand gegen die Macht des Status quo und als Erinnerung an die Zukunft verstanden wird."[48]

Die erzählerische Rahmung eines Textes ruft Authentizitätseffekt hervor

„**Utopischer Roman**, längerer Erzähltext, der in einer von der Gegenwart und/oder dem geographischen Ort des Autors und seiner primären Adressaten weit entfernten Welt angesiedelt ist; wichtigste lit. Form der Utopie. Die lit. Einkleidung kann den Zweck haben, den Autor durch ihren spielerisch-fiktiven Charakter vor Zensur zu schützen oder durch ihre narrative Dynamik zur Lektüre anzuregen. Die erzählerische Rahmung kann aber auch einen Authentizitätseffekt hervorrufen: Der utopische Staat wird scheinbar von einem Augenzeugen besichtigt. Diese Technik der narrativen Beglaubigung ist dem Romanleser durchaus vertraut und durchschaubar. Während im *Staatsroman*, dessen Schwerpunkt auf gesellschaftlichen und politischen Fragestellungen liegt, die Romanform meist nur lit. Beiwerk ist, durchdringt sie im utopischen Abenteuerroman die Struktur der alternativen Welt selbst; diese Variante des utopischen Romans ist der phantastischen Lit. und der Science-Fiction verwandt.

Die Geschichte des utopischen Romans beginnt in der Neuzeit. Th. Morus schuf mit *De optimo rei publicae statu sive […] utopia* 1516 ein Paradigma. Formal orientiert sich Morus noch weitgehend an den platonischen Dialogen: Auf die Fragen eines fremden Reisenden antwortet ein kundiger Führer. Stilprägend wirkt die Rahmenhandlung, die das zeitgenössische Interesse an Forschungsreisen für die Einführung der Gegenwelt nutzt. Wichtige inhaltliche Elemente späterer Utopien sind ebenfalls bei Morus vorgeprägt: der Vorrang des Gemeininteresses vor

48 Innerhofer 2007b, S. 795 f.

den individuellen Belangen, die Einschränkung des Privat- zugunsten des Kollektivvermögens, die harmonische Einbindung des Individuums in eine staatliche Ordnung.

Ein strengeres Regime imaginiert T. Campanella, dessen *Civitas solis* (1602 f.; dt. *Der Sonnenstaat*) schon in der architektonischen Anlage – sieben Mauerkreise sind konzentrisch um den Mittelpunkt angeordnet – hierarchische Strukturen aufweist. Behörden kontrollieren die strenge Einhaltung einer astrologisch berechneten Alltagspraxis – einschließlich des Geschlechtsverkehrs. Während J. V. Andreae in *Rei publicae Christianopolitanae descriptio* (1619) ein ganz den Lehren des Pietismus unterworfenes Gemeinwesen propagiert, ist F. Bacons *Nova Atlantis* (1624/27) erstmals dem naturwissenschaftlich-technischen Fortschrittsdenken verpflichtet (…).

Negative Form des utopischen Romans: die Anti-Utopie/Dystopie

Das 19. Jh. greift verstärkt auf F. Bacons naturwissenschaftlich-technisch orientierte Utopie zurück (…). Zugleich bildet sich im 19. Jh. aus der Skepsis gegenüber den Folgen der Industrialisierung und einer beschleunigten Modernisierung eine negative Form des utopischen Romans heraus: die Anti-Utopie (Buch als ‚Dystopie' oder ‚Mätopie ' bezeichnet) (…). In der Tradition solcher Technik- und Modernitätskritik sind die drei ‚Klassiker' der Anti-Utopie zu sehen: E. Zamjatins *My* (*Wir*, 1920), A. Huxleys *Brave New World* (1932) und G. Orwells *1984* (1949). In ihnen verkehren sich die utopischen Ideale der Sicherheit, Transparenz und staatlichen Regulierung, der Abschaffung von Ungleichheit und Zufall sowie der gesellschaftlichen Harmonie in ihr Gegenteil: Unfreiheit, Willkür, Überwachung, Terror, Auslöschung der Individualität. Auch in H. Hesses *Glasperlenspiel* (1943), F. Werfels *Stern der Ungeborenen* (1946) und E. Jüngers *Heliopolis* (1949) lassen politische, soziale und psychologische Kräfte die utopischen Entwürfe scheitern. Die Desillusionierung romantischer Hoffnungen wird in Ch. Wolfs *Kein Ort. Nirgends* (1979) programmatisch gestaltet.

Während Anti-Utopien heute in Katastrophenszenarien der Populärlit. und agonalen Zukunftsvisionen der Science-Fiction fortleben (Zukunftsroman), sind positive Utopien selten geworden. Nach dem Abklingen feministischer und ökologischer Zukunftsbilder, die in der Nachfolge der 68er-Bewegung ein neues, herrschaftsfreies Verhältnis zur Natur und zwischen den Geschlechtern vorgestellt haben (U. LeGuin: *The left hand of darkness*, 1969; J. Russ: *When it changed*, 1972; E. Callenbach: *Ökotopia*, 1975), scheint sich das Utopische im Roman der Gegenwart auf erratische Einsprengsel reduziert zu haben."[49]

49 Innerhofer 2007c, S. 796 f.

6 PRÜFUNGSAUFGABEN MIT MUSTERLÖSUNGEN

Die Zahl der Sternchen bezeichnet das Anforderungsniveau der jeweiligen Aufgabe.

Zwei weitere Aufgaben finden Sie nach kostenfreier Registrierung unter https://www.lektueren-verstehen.de in unserem Lektürehilfen-Portal.

Der Roman bietet eine Fülle von Anknüpfungspunkten für kreative Schreibaufgaben. Beispiele dafür könnten etwa sein:

- *Schreiben Sie eine Romanfortsetzung, indem Sie überlegen, wie Mias Leben ein Jahr nach der Begnadigung aussehen könnte.*
- *Was denkt Driss in den letzten Minuten des letzten Prozesses gegen Mia, als sie von Sicherheitsleuten abgeführt wird? Schreiben Sie einen inneren Monolog.*
- *Schreiben Sie den letzten Abschnitt ‚Zu Ende' zu einer Drehbuchszene um.*

Wegen der Problematik der Erstellung halbwegs allgemeinverbindlicher Lösungsvorschläge für solche kreativen Aufgabenstellungen werden im Folgenden keine produktiven Aufgabenformen, sondern ausschließlich interpretierende und analysierende Aufgabenformen vorgeschlagen.

Aufgabe 1 *

Charakterisierung der Geschwister Holl und Funktion der idealen Geliebten

a) Erarbeiten Sie eine Charakterisierung von Mia und Moritz Holl.
b) Analysieren Sie die dramaturgische Funktion der idealen Geliebten.

Mögliche Lösung in knapper Fassung:

a) Mia Holl, 34 Jahre, wird beschrieben als „erfolgreiche Biologin mit Idealbiographie. Keine Anzeichen von physischen oder sozialen Störungen" (S. 19). Nach dem Selbstmord ihres Bruders ist sie nicht mehr in der Lage, die gewohnte Ordnung ihres Lebens aufrechtzuerhalten (vgl. S. 47 f.), sie kümmert sich immer weniger um die vorgeschriebenen Gesundheitsregeln; sie verlässt wochenlang ihre Wohnung nicht mehr und vernachlässigt ihre Reinigungspflichten (vgl. S. 26). Sie ist auch enttäuscht von ihrem Bruder, da sie seinen Suizid als einen Verrat an ihrer Liebe begreift; allerdings hat sie ihm dabei auch geholfen, da sie ihm eine Angelschnur in das Gefängnis schmuggelte, mit der er seinem Leben ein Ende setzen konnte (vgl. S. 31 und S. 46).

Mia Holl sucht nach einem angemessenen Ausdruck für ihre Trauer, bleibt aber zunächst in Passivität gefangen und erduldet ihre Trauer stumm (vgl. S. 55 f.). Dabei versucht sie lange Zeit, ihre Zustimmung zu dem System der „METHODE" aufrechtzuerhalten; gleichzeitig wird der innere Konflikt immer stärker: Folgt sie der Liebe zu ihrem Bruder, stellt sie unwiderlegbare naturwissenschaftliche Erkenntnisse in Frage; folgt sie diesen Erkenntnissen, handelt sie gegen ihre emotionale Überzeugung (vgl. S. 39).

Obgleich Mia tatsächlich allmählich in ihr altes Leben zurückfindet, kommt es im zweiten Strafprozess zu einer Eskalation, da Mia der Strategie ihres Verteidigers Rosentreter folgt im Vertrauen darauf, dass er die juristischen Spielregeln kennt und sie einzusetzen weiß (vgl. S. 98–104). Seine Strategie entspricht im Kern nicht dem Wunsch Mias, die keine weitere Konfrontation will, da sie ihr eigenes Fehlverhalten einsieht und der Richterin im Grunde dankbar für das Verständnis ist.

Nach dem Prozess fasst Mia den Entschluss, das Fehlurteil gegen ihren Bruder zum Anlass zu nehmen, um ganz grundsätzlich an der Legitimität des Systems der „METHODE“ zu zweifeln. Sie will das Unrechtssystem der „METHODE“ öffentlich anprangern und sich als „Galionsfigur“ (S. 175) des Kampfes zur Verfügung stellen. Die Erkenntnis, die sie gewonnen hat, füllt für sie den Begriff „Liebe“ aus (vgl. S. 174).

Mia setzt ihre neugewonnene Position gegen die von Heinrich Kramer, es ist eine Position, die Rationalität mit Emotion verbindet (vgl. S. 183). Sie ist nun davon überzeugt, dass es sich lohne, für die Freiheit zu kämpfen (vgl. S. 184). Gegen die vom System proklamierten Werte von Funktionalität, Normalität, Kontrolle und Fremdbestimmung setzt sie Werte wie Freiheit, Individualismus und Selbstverantwortung (vgl. S. 186 f.).

Im Gefängnis legt Mia ihr naturwissenschaftlich-logisches Denkmuster völlig ab und ist auch unter Folterandrohung nicht bereit, es wieder zum Maßstab ihres Handelns werden zu lassen; so lehnt sie den Vorschlag Kramers unter Hinweis auf die „Seele“, die „Würde“ (S. 232) ab, die ihr das System nicht rauben könnten. Dies ist ein Ausdruck von Mias Glauben an menschliche Attribute, die jenseits der naturwissenschaftlich fassbaren Realität liegen.

Moritz Holl, 27 Jahre alt, wird als „sanft“ und als „Träumer“ charakterisiert (vgl. S. 33); er sehnt sich nach einem natürlichen Leben ohne die regulierenden Vorgaben der „METHODE“. Er hat wechselnde weibliche Bekanntschaften, die ihm jeweils von der Zentralen Partnervermittlung nach immunologischen Kriterien vorgeschlagen werden. Moritz bezeichnet diese staatliche Partnervermittlung als „die größte Puffmutter der Welt“ (S. 61). Er hat einen großen Freiheitsdrang und missbilligt Überwachung (vgl. S. 90). Sein Suizid ist für ihn die einzige Möglichkeit einer letzten freien Entscheidung vor der Vollstreckung des staatlicherseits angeordneten Urteils. Seine Lebenseinstellung geht davon aus, dass der Mensch nur die Möglichkeit habe, sich anzupassen und dabei einen Verrat an sich selbst zu begehen oder zu sagen, was man denkt, und sich damit in Gefahr zu bringen (vgl. S. 148). Sein Ruf „Ihr opfert mich auf dem Altar eurer Verblendung“ (S. 34) wird zum Motto des Widerstandes gegen das staatliche Überwachungssystem.

b) Die ideale Geliebte ist ursprünglich eine Erfindung von Moritz, die er seiner Schwester beim letztem Treffen vor seinem Tod mitgibt, sie nimmt in den Dialogen die Rolle von Moritz ein und argumentiert jeweils aus seiner Perspektive. Die ideale Geliebte warnt Mia auch vor potentiellen Feinden, insbesondere vor Kramer, den sie für ein „Monster" (S. 122) hält, das nur darauf aus ist, Moritz als Staatsfeind zu präsentieren.

Die dramaturgische Funktion der idealen Geliebten wird im Abschnitt *Die Zaunreiterin* (S. 141–146) besonders gut erkennbar. Sie personifiziert die verborgene Seite von Mia, die in ihrem Bruder ganz zum Vorschein kommt, von Mia aber permanent mittels Rationalität kontrolliert wird. Wenn sie Mia vorwirft, als eine „Hexe" im ursprünglichen Sinne in einem „*Dazwischen*" (S. 144) zu leben, sich weder für die eine noch für die andere Seite zu entscheiden, muss Mia ihr Recht geben, da sie äußerlich zwar versucht, systemtreu zu leben, in Wirklichkeit aber hofft, in Ruhe gelassen zu werden und keine Kontakte pflegen zu müssen (vgl. S. 146). Die ideale Geliebte ist der Antipode zu dem angepassten Leben, das Mia zu führen versucht, obwohl sie spürt, dass das normale Leben zentrale existentielle Aspekte nicht berücksichtigt, vor allem nicht die Freiheit und die Liebe.

Aufgabe 2 *

Charakterisierung von Heinrich Kramer

a) Ordnen Sie den Abschnitt *Bedrohung verlangt Wachsamkeit* (S. 138–140) in den Kontext der Romanhandlung ein.
b) Erarbeiten Sie aus diesem Abschnitt und weiteren geeigneten Stellen des Romans eine Charakterisierung von Heinrich Kramer.

Mögliche Lösung in knapper Fassung:

a) In seinem Kommentar bringt Heinrich Kramer Moritz Holl in Verbindung mit der Terrorgruppe R.A.K., die angeblich einen Angriff mit biologischen Waffen plane. Kramer charakterisiert Moritz aufgrund von Aussagen seiner Schwester Mia als einen „Gefährder" (S. 140), dessen Tod den Anlass für weitere terroristische Aktionen geben werde. Kramer fordert seine Leser auf, besonders sorgfältig auf verdächtige Mitmenschen zu achten: „Zivile Wachsamkeit ist gefragt" (ebd.); im Kern geht es Kramer um die Installation eines Spitzelwesens, um den Machterhalt des Systems zu gewährleisten.

Der Abschnitt *Bedrohung verlangt Wachsamkeit* findet sich an einer Stelle im Handlungsverlauf, als Mia gerade dabei ist, ihren alten Lebensrhythmus wiederzufinden. Ihr Anwalt Rosentreter hatte zuvor durch den von ihm initiierten Härtefallantrag zu einer Eskalation des Konfliktes beigetragen, Mia gilt wegen Missbrauchs toxischer Substanzen als vorbestraft, sie lässt es aber zu, dass Heinrich Kramer in ihre Wohnung kommt und sie zu Moritz befragt. Bereitwillig erzählt sie ihm von Moritz' Krankheit und von seiner Liebe zu Tieren. Alle diese Informationen verarbeitet Kramer in seinem Beitrag, allerdings kontextualisiert er sie neu und instrumentalisiert sie für sein Ziel, Moritz als Staatsfeind zu charakterisieren. Kurz darauf kommt es zu einem erneuten Prozess, in dem Rosentreter beweist, dass sich die „METHODE" im Falle von Moritz geirrt hat; für Mia bedeutet diese Erkenntnis, dass sie sich endgültig zu einer Gegnerin der „METHODE" entwickelt.

b) Heinrich Kramer wird als Vertreter der Vierten Gewalt eingeführt (vgl. S. 16), die offenbar Zutritt zu Gerichtsverhandlungen hat und in Wahrnehmung der ihr zugewiesenen Kontrollaufgabe darüber berichtet (vgl. ebd.). Kramer wird als höflicher Mann beschrieben, dem korrekte Umgangsformen wichtig sind (vgl. S. 30). Er argumentiert logisch und lässt sich nicht von emotionalen Stimmungen beeinflussen. Er ist ein überzeugter Verfechter der „METHODE". Sein Wunsch, Mia Holl zu porträtieren, resultiert aus dem Wunsch, die Überlegenheit des Systems zu beweisen (vgl. S. 42). Kramer formuliert sein Bekenntnis zum Ideal der „METHODE", die er als einen Ausdruck der Vernunft sieht, weil sie Gesundheit als Synonym für Normalität begreift (vgl. S. 181). Sie tauge auch deshalb zum Ideal, weil sie eine viel geringere Fehlerquote als andere Systeme habe (vgl. S. 183). Kramer lehnt Widerstand oder Freiheitskampf grundsätzlich ab; Fortschrittsdrang und der Wunsch nach Veränderung würden viele Opfer fordern (vgl. ebd.). Aus rationalen Gründen gebe es keinen Grund, die „METHODE" durch ein anderes System zu ersetzen.

Heinrich Kramer wird bei seinen Auftritten als gesunder, selbstbewusster Mensch beschrieben (vgl. S. 116). Er führt ein völlig angepasstes Leben: Er ist verheiratet, hat zwei Kinder, eine funktionierende, normale Familie (vgl. S. 177). Kramer teilt die das menschliche Leben beeinflussenden Faktoren in zwei Kategorien ein: Die erste Kategorie umfasse solche Ereignisse, die dem Menschen zuträglich sind; die zweite Kategorie umfasse schlechte Ereignisse (vgl. S. 178).

Die Position der „METHODE", wie sie Heinrich Kramer repräsentiert, ist von einem rationalistischen Welt- und Menschbild bestimmt. Bezugsbegriff und Bezugsgröße ist die „Gesundheit", die das Leitbild des Staates ausmacht und seine hoheitlichen Akte legitimiert.

Das grundlegende politische Werk einer solchen staatlichen Verfasstheit trägt denn auch den – fiktiven – Titel *Gesundheit als Prinzip staatlicher Legitimation*; Heinrich Kramer definiert darin „Gesundheit" als einen „Zustand des vollkommenen körperlichen, geistigen und sozialen Wohlbefindens – und nicht die bloße Abwesenheit von Krankheit. (...) Gesundheit ist nicht Durchschnitt, sondern gesteigerte Norm und individuelle Höchstleistung. Sie ist sichtbar gewordener Wille, ein Ausdruck von Willensstärke in Dauerhaftigkeit" (S. 7). Mit der Ausweitung der Begriffsspanne über den individuellen Bereich hinaus und in den sozialen Raum hinein schafft Kramer die argumentative Basis für die These, dass Gesundheit dann eben nicht mehr eine private Angelegenheit ist, wenn sie maßgebliche Auswirkungen auf die Allgemeinheit hat (vgl. ebd.). Mit der These, dass Gesundheit das „Ziel natürlichen Lebenswillens" sei, setzt Kramer die Norm, die es erlaubt, Andersmeinende zu pathologisieren (vgl. ebd.).

Auch wenn Gesundheit unbestritten im Grunde einen erstrebenswerten Zustand darstellt, so ist die von Kramer formulierte politische Position dennoch eine im Kern faschistische Ideologie, die Widerspruch nicht duldet und daher strikt dualistisch und ohne Differenzierung ausschließlich zwischen Befürwortern und Gegnern unterscheidet. Das faschistische System geht erbarmungslos und konsequent gegen seine Gegner vor und nutzt dafür alle einschlägigen Mittel eines staatlichen Überwachungs- und Kontrollapparates bis hin zum Aufruf, sich gegenseitig zu bespitzeln und verdächtige Personen zu denunzieren.

In dem fiktiven Kommentar *Bedrohung verlangt Wachsamkeit* beschreibt Heinrich Kramer zum einen eine massive Gefährdungslage, zum anderen akzentuiert er aber auch das staatliche Kontrollpotential deutlich, das in dem Hinweis, dass Bürger sich gegenseitig kontrollieren sollen, gipfelt. Der Kommentar zeichnet das Bild eines totalitären Überwachungsstaats.

Aufgabe 3 ***

Deutung der Schlussszene

a) Der Roman endet mit dem Satz: „Denn erst jetzt ist sie – erst jetzt ist das Spiel – erst jetzt ist wirklich alles zu Ende" (S. 264). Erläutern Sie diesen Satz auf der Grundlage der Romanhandlung.
b) Ist wirklich alles zu Ende? Entwickeln Sie auf Grundlage der Romanhandlung und des Problemgehalts zwei plausible Fortsetzungsmöglichkeiten.

Mögliche Lösung in knapper Fassung:

a) Mia Holl durchläuft im Laufe der Romanhandlung einen Entwicklungsprozess: Zu Beginn wird sie als Anhängerin der „METHODE" charakterisiert; der Selbstmord ihres Bruders erschüttert ihre Treue zu dem System zunächst noch nicht, erst als sie immer mehr erkennen muss, dass das System ihre Privatsphäre nicht respektiert, entwickelt sich allmählich ihr Widerstand. Zur Gegnerin wird sie in dem Moment, als erwiesen wird, dass ihr Bruder zu Unrecht angeklagt worden ist. Zusammen mit ihrem Bruder wird sie so zu einem Vorbild für alle, die sich gegen das System engagieren. In einem Schauprozess wird Mia wegen angeblicher staatsgefährdender Aktionen zur Höchststrafe verurteilt. Kurz vor Vollstreckung des Urteils erreicht sie die Begnadigung.

Die Begnadigung konterkariert Mias Wunsch, der Widerstandsbewegung als Märtyrerin zu dienen. Durch den Verzicht auf die Vollstreckung der Höchststrafe entzieht der Staat der Widerstandsbewegung eine Identifikationsfigur; durch die Einweisung in ein Resozialisierungsprogramm besteht die Chance, dass Mias Widerstand gebrochen oder ihre Person von der Öffentlichkeit vergessen wird. Außerdem beweist das System damit seine angeblich humane Grundhaltung.

Mias Reaktion, sie protestiert eindringlich und schüttelt schließlich resignierend mit dem Kopf (vgl. S. 264), lässt vermuten, dass sie die Tragweite der Entscheidung nachvollzogen hat. Wenn der letzte Satz: „Denn erst jetzt ist sie – erst jetzt ist das Spiel – erst jetzt ist wirklich alles zu Ende" (ebd.) vom Erzähler aus Mias Perspektive gesagt wird (interne Fokalisierung), dann wäre er ein Beleg für ihre Resignation, ein Eingeständnis ihrer endgültigen Niederlage; einschränkend müsste aber darauf hingewiesen werden, dass die Vorausdeutung bei einem intern fokalisierten Erzähler wenig plausibel wäre (es sei denn, sie würden während einer Analepse formuliert). Daher müsste man die Verallgemeinerung, dass nun „wirklich alles zu Ende" sei, relativieren und sie der besonderen emotionalen Situation Mias zuschreiben. Es wäre nämlich durchaus möglich, dass das „Spiel" noch weiter geht, ohne dass Mia davon jetzt schon Kenntnis hat.

Begreift man den letzten Satz als Aussage eines nullfokalisierten Erzählers (auktorialer Erzähler), dann müsste in der Tat von einem Ende ausgegangen werden; dieses Ende bedeutet die Niederlage Mias und wahrscheinlich auch die Niederlage der Widerstandsbewegung. Gerade durch diese Variante würde der Appell, der in dem dystopischen Entwurf liegt, noch eindringlicher vernehmbar.

b) Unter a) wurde bereits ausgeführt, dass die Wahl der Erzählperspektive am Ende zwei grundsätzliche Deutungen zulässt; auf dieser Grundlage ließen sich zwei Fortsetzungen entwickeln. Eine Fortsetzung könnte – den intern fokalisierten Erzähler vorausgesetzt – ein erneutes Aufflammen des Widerstandes beschreiben, der Widerstand könnte eine immer größere Anhängerschaft gewinnen und sich schließlich durchsetzen. Eine gänzlich andere Fortsetzung könnte – den nullfokalisierten Erzähler vorausgesetzt – das Leben einer angepassten Mia schildern, die die staatliche Partnervermittlungsagentur in Anspruch nimmt, um ihr privates Glück in der Familie zu finden.

Aufgabe 4 ***

„Missverständnis der Aufklärung"

In einem Fernsehinterview mit dem Journalisten Würmer bezeichnet Heinrich Kramer die Grundlage der Ideen der Widerstandsgruppe R.A.K als ein „Missverständnis der Aufklärung" (S. 84).
Erläutern Sie, was er damit meint und welche Berechtigung dieser Vorwurf hat.

Mögliche Lösung in knapper Fassung:

Das System der „METHODE" beruft sich auf den Rationalismus der Aufklärung und postuliert, dass es den Menschen dabei unterstützt, eine rationalistische Lebenshaltung zu verwirklichen, indem es das Leben auf die Maximierung von Glück und Gesundheit ausrichtet; hier verbindet sich das rationalistische Prinzip mit utilitaristischen Vorstellungen, die davon ausgehen, dass es das Ziel eines Staates sein muss, Schaden von möglichst vielen Menschen fernzuhalten: Der englische Philosoph Jeremy Bentham (1748–1832) führt *Über das Prinzip der Nützlichkeit* aus:

> „Unter Nützlichkeit ist jene Eigenschaft an einem Objekt zu verstehen, durch die es dazu neigt, Gewinn, Vorteil, Freude, Gutes oder Glück hervorzubringen (dies alles läuft im vorliegenden Fall auf das gleiche hinaus) oder (was ebenfalls auf das gleiche hinausläuft) die Gruppe, deren Interesse erwogen wird, vor Unheil, Leid, Bösem oder Unglück zu bewahren; sofern es sich bei dieser Gruppe um die Gemeinschaft im Allgemeinen handelt, geht es um das Glück der Gemeinschaft; sofern es sich um ein bestimmtes Individuum handelt, geht es um das Glück dieses Individuums."[50]

50 Bentham 1980, S. 247.

Im Allgemeinen wird das vernunftgesteuerte Handeln als ein Grundprinzip der Aufklärung betrachtet. In seiner berühmten Schrift *Beantwortung der Frage: Was ist Aufklärung?* aus dem Jahre 1784 nimmt Immanuel Kant (1724–1804) dazu folgendermaßen Stellung (Einen Auszug aus Kants Schrift kann man ab S. 135 im Materialienteil dieser Erläuterung nachlesen.):

„*Aufklärung ist der Ausgang des Menschen aus seiner selbstverschuldeten Unmündigkeit. Unmündigkeit* ist das Unvermögen, sich seines Verstandes ohne Leitung eines anderen zu bedienen. *Selbstverschuldet* ist diese Unmündigkeit, wenn die Ursache derselben nicht am Mangel des Verstandes, sondern der Entschließung und des Mutes liegt, sich seiner ohne Leitung eines andern zu bedienen. Sapere aude! Habe Mut, dich deines *eigenen* Verstandes zu bedienen! ist also der Wahlspruch der Aufklärung. Zu dieser Aufklärung aber wird nichts erfordert als *Freiheit;* und zwar die unschädlichste unter allem, was nur Freiheit heißen mag, nämlich die: von seiner Vernunft in allen Stücken *öffentlichen Gebrauch zu* machen.“

Heinrich Kramer meint, dass die Forderungen der Widerstandsgruppe R.A.K. („Recht auf Krankheit“), die eine Abkehr von der strikten Gesundheitsorientierung und eine größere individuelle Freiheit verlangen, als Missverständnis aufklärerischer Prinzipien zu begreifen seien, da eine vom Verstand geleitete Haltung niemals einen Zustand anstrebe, der durch Krankheit geprägt sei. Das Missverständnis bestünde darin, dass die Widerständler sich auf ein individuelles Recht beriefen, den Verstand so zu gebrauchen, dass er Gesundheit nicht als individuelles Lebensziel betrachtet.

Der Vorwurf ist einerseits berechtigt, da vernunftgemäßes Handeln gleichzeitiges humanes Handeln bedeutet; ein aufgeklärter Mensch sollte sich stets um eine Lebensführung bemühen, die ihn selbst und andere nicht schädigt. Der Vorwurf ist andererseits nicht berechtigt, da die Aufklärung auch die Freiheit, den eigenen Verstand zu benutzen, als zentrales Anliegen betrachtete; eine staatliche Bevormundung ist nicht vorgesehen, sondern schränkt dieses Freiheitsrecht gerade wieder ein: Kant fordert ja gerade dazu

---

50 Kant 1922, S. 167.

auf, sich seines Verstandes ohne die Leitung eines anderen zu bedienen. Das Kontrollsystem der „METHODE“ setzt im Grunde politische Strukturen fort, gegen die sich die Aufklärung im 18. Jahrhundert gerade wandte. Der aufklärerische Vernunftsoptimismus besagt, dass der Gebrauch der Vernunft bei jedem Menschen zu den gleichen ethischen Einstellungen führt.

Lernskizze 1: Mia Holl und Heinrich Kramer als kontroverse Charaktere

Mia Holl ← Funktionalität, Kontrolle, Fremdbestimmung — **Heinrich Kramer**

Mia Holl — Freiheit, Individualismus und Selbstverantwortung → **Heinrich Kramer**

Mia Holl	Heinrich Kramer
▪ 34 Jahre alt, Schwester von Moritz Holl ▪ Erfolgreiche Biologin mit systemkonformer Idealbiographie ▪ Anfangs Anhängerin der „METHODE“, da diese naturwissenschaftlich-logischen Erwägungen folgt. ▪ Tod des Bruders lässt inneren Konflikt aufbrechen zwischen Rationalität und Emotion. ▪ Nachweis der Fehlerhaftigkeit der „Methode“ beim Unschuldsbeweis für Moritz bestätigt ihre intuitive Einschätzung. ▪ Zunehmende Gesetzesverstöße belegen ihren Zweifel an der „METHODE“. ▪ Sechs Gerichtsverhandlungen, Gefängnis und Folter, schließlich: Begnadigung/Befehl zur Umerziehung	▪ Verheiratet, zwei Kinder, angepasste Familie ▪ Vertreter der Presse („vierte Gewalt“) ▪ Hat Zugang zu Gerichtsverhandlungen und zum Gefängnis. ▪ Hat engen Kontakt zu Mia Holl und besucht sie in ihrer Wohnung und im Gefängnis. ▪ „METHODE“ ist Ausdruck der Vernunft und deshalb ein ideales System. ▪ Gesundheit und Funktionalität garantieren den Menschen ein optimales Leben.

Lernskizze 2: Mia Holl und Moritz Holl – gar nicht so verschiedene Geschwister

Mia Holl ⟷ **Moritz Holl**

← Vorrang des Individualismus vor der Anpassung

→ Zunächst noch unentschieden zwischen Anpassung und Freiheit

Mia Holl

- 34 Jahre alt, Schwester von Moritz Holl
- Erfolgreiche Biologin mit systemkonformer Idealbiographie
- Anfangs Anhängerin der „METHODE", da diese naturwissenschaftlich-logischen Erwägungen folgt.
- Tod des Bruders lässt inneren Konflikt aufbrechen zwischen Rationalität und Emotion.
- Nachweis der Fehlerhaftigkeit der „METHODE" beim Unschuldsbeweis für Moritz bestätigt ihre intuitive Einschätzung.
- Zunehmende Gesetzesverstöße belegen ihren Zweifel an der „METHODE".
- Sechs Gerichtsverhandlungen, Gefängnis und Folter, schließlich: Begnadigung/Befehl zur Umerziehung

→ Erfolg/Misserfolg der Umerziehung wird nicht mehr erwähnt.

Moritz Holl

- 27 Jahre alt, Bruder von Mia Holl
- Hat als Kind Leukämie, eine Stammzellen-transplantation rettet ihm das Leben.
- Wird fälschlicherweise des Mordes angeklagt, nimmt sich im Gefängnis das Leben.
- Will sich selbst treu bleiben und sich nicht anpassen.
- Betrachtet das Rauchen als Protestform.
- Freiheit und Individualismus sind seine Werte.

Lernskizze 3: Mia Holl vor Gericht – „Treppchen-Dramaturgie“ als Spiegelung der klimaktischen Figurenentwicklung

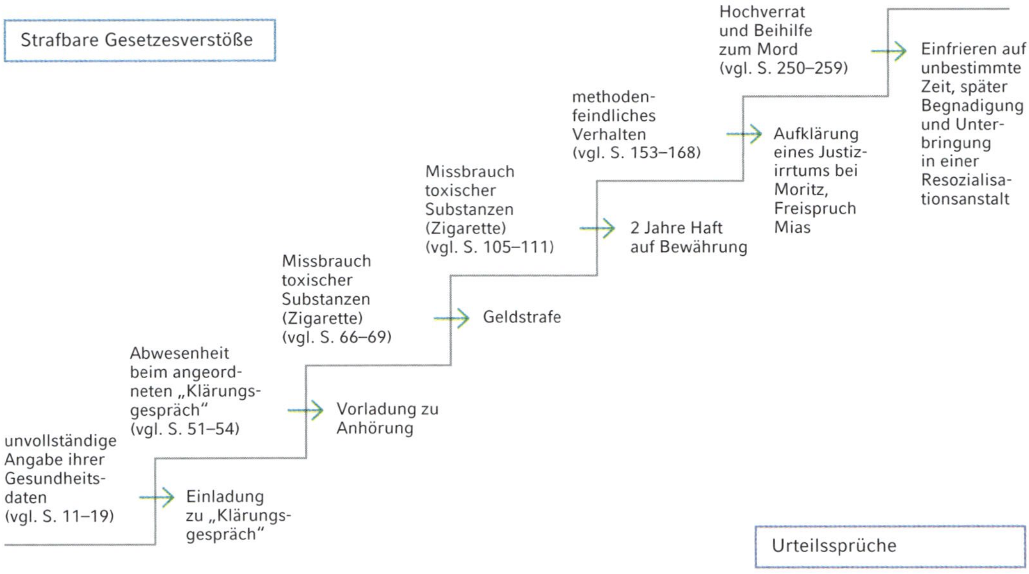

Lernskizze 4: Mia Holl als Hexe – intertextuelle Bezüge zur Hexenverfolgung in der frühen Neuzeit

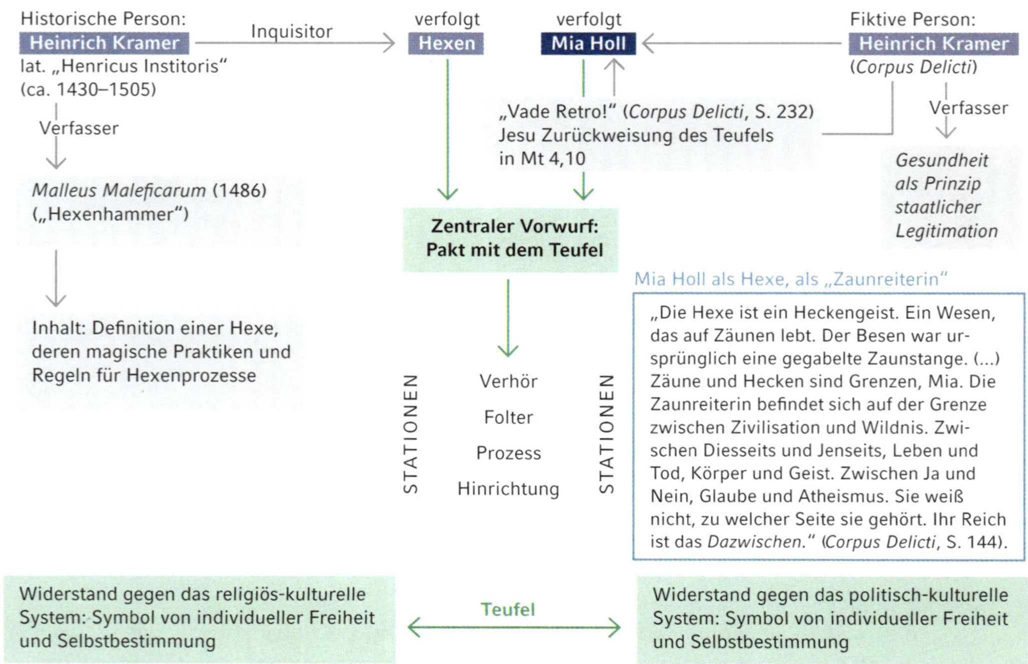

Lernskizze 5: Die 14 „Entzugsformeln" als programmatische Position Mia Holls: Dystopie versus Utopie

1	**Dystopie:** Negierung grundlegender Aspekte des Mensch-Seins	**Utopie:** angemessene Berücksichtigung aller Bedürfnisse des Menschen und seiner Wesensmerkmale
2	**Dystopie:** Bevorzugung des Körpers zuungunsten des Geistes	**Utopie:** Körper und Geist gehören zum Mensch-Sein.
3	**Dystopie:** Gesundheit wird als einzige Normalität akzeptiert.	**Utopie:** Krankheit gehört zum Leben.
4	**Dystopie:** Der Staat definiert willkürlich die Bedrohung, vor der er schützt.	**Utopie:** Staatlicher Schutz vor jeder Bedrohung
5	**Dystopie:** funktionale Auffassung von Philosophie, Moral und Recht	**Utopie:** Philosophie, Moral und Recht geben individuelle und soziale Orientierungshilfen.
6	**Dystopie:** Überwachung wird von den Individuen akzeptiert.	**Utopie:** Schutz der Privatsphäre vor staatlichem Zugriff
7	**Dystopie:** vollständig rationalistische Betrachtung des Menschen	**Utopie:** Vertrauen und Selbstbestimmung als humane Werte jenseits einer rationalistischen Betrachtung
8	**Dystopie:** Dem Versprechen eines risikolosen Lebens wird alles geopfert.	**Utopie:** Risiko gehört zu den natürlichen Unwägbarkeiten des Lebens.
9	**Dystopie:** Der Mensch besitzt keinen freien Willen, chemische Prozesse bestimmen das Leben.	**Utopie:** Der Mensch besitzt einen freien Willen und trifft Entscheidungen eigenverantwortlich.
10	**Dystopie:** Liebe ist ein chemischer Prozess.	**Utopie:** Liebe hat verschiedene Ursachen und gilt als zentrale menschliche Bindungskraft.
11	**Dystopie:** Kinder dürfen nur mit hygienisch einwandfreien Objekten spielen.	**Utopie:** Das Spiel von Kindern ist auf Abenteuer und Entdeckung aus, ohne elterliche Limitierung.
12	**Dystopie:** Bevormundung des Staates	**Utopie:** Der Tod gehört untrennbar zum menschlichen Leben.
13	**Dystopie:** Der Tod wird negiert.	**Utopie:** Der Tod gehört untrennbar zum menschlichen Leben.
14	Selbstkritik Mias wegen zu später Erkenntnis, dass der Bruder im Recht war.	

Die „METHODE" als rationalistisches Welt- und Menschenbild, Ziel des Staates ist die Gesundheit aller Bürger; Mittel: Vorschriften für alle Lebensbereiche, totale und permanente Überwachung

Lernskizze 6: Die Funktion der idealen Geliebten

Mias Persönlichkeit

innere, verborgene Seite

Widerstand: Diese Seite nimmt die Nicht-Berücksichtigung zentraler humaner Aspekte wie Freiheit und Liebe wahr.

äußere, sichtbare Seite

Anpassung: Diese Seite lebt systemtreu und angepasst, ist vom rationalen Ansatz der „METHODE" überzeugt.

Ideale Geliebte

unterstützt

- ideale Geliebte = Erfindung von Moritz und „Geschenk" an Mia kurz vor seinem Tod
- repräsentiert das Welt- und Menschbild von Moritz und die innere Seite Mias
- ideale Geliebte verschwindet, als sich Mia endgültig gegen die „METHODE" stellt.

wird ersetzt durch …

Innere Seite setzt sich schließlich durch und wird auch zur äußeren Seite.

Widerstand: Diese Seite nimmt die Nicht-Berücksichtigung zentraler humaner Aspekte wie Freiheit und Liebe wahr.

Lernskizze 7: Narratologische und sprachlich-stilistische Aspekte des Romans

Erzählperspektive	Zeitstruktur	Wortwahl und Stil
▪ Erzählinstanz kein Teil der erzählten Welt (= **heterodiegetisch**) ▪ Es existiert nur eine Erzählinstanz, eine zweite taucht nicht auf (= **extradiegetisch**). ▪ Erzählinstanz beschreibt entweder von außen (= **externe Fokalisierung**) oder aus der Perspektive von Mia (= **interne Fokalisierung**). ▪ Wegen der häufigen Vorausblicke (**Prolepse**) kann man zuweilen auch von einem allwissenden Erzähler (**Null-Fokalisierung**) sprechen.	▪ **Erzählgegenwart**: Sommer in der Mitte des 21. Jahrhunderts ▪ **Rahmenerzählung** in der Erzählgegenwart mit sechs Rückblicken (= **Analepsen**), die längstens sechs Monate zurückreichen ▪ Überwiegend **zeitraffendes Erzählen** (= erzählte Zeit ist länger als die Erzählzeit). Durch die zahlreichen Dialoge wird auch **zeitdeckendes Erzählen** erreicht.	▪ **sprechende Namen** („Sophie", „Rosentreter") ▪ **Umgangssprache**, häufig am mündlichen Sprachgebrauch orientiert mit fäkalsprachlichen Wendungen ▪ häufiger Gebrauch medizinischer und juristischer **Fachtermini** („Leukozyten", „Maßregelvollzug") ▪ **Ideologiesprache** („METHODE")

→ Unzuverlässiger Erzähler: Erzählinstanz gibt zu, nicht alles zu wissen (vgl. z. B. S. 79: Erzähler kann nicht angeben, an was Mia gerade denkt.)

→ Realität als Ergebnis individueller Konstruktion → allwissende Erzählinstanz nicht mehr zeitgemäß

Lernskizze 8: Die Funktion von Grundrechten

STAAT

will Bürger überwachen
und kontrollieren

Grundrechte sind z. B.

- Recht auf freie Entfaltung der Persönlichkeit (GG Art. 2)
- Freiheit der Meinungsäußerung und Informationsfreiheit (GG Art. 5)
- Unverletzlichkeit der Wohnung (GG Art. 13)

INDIVIDUUM

Grundrechte schützen den Einzelnen, es sind Abwehrrechte gegen den Staat.

Gründe können z. B. sein:

- Terrorgefahr
- Gesundheitsgefahren durch ungesunde Lebensweise
- Pandemie/Endemie
- klimaschädliches Verhalten der Individuen
- Bekämpfung von Kriminalität (z. B. „Geldwäsche“)
- …
  (weitere Gründe einsetzbar)

LITERATUR

Zitierte Ausgabe:

Zeh, Juli: *Corpus Delicti. Ein Prozess*. 12. Aufl. München: btb, 2010.

Weitere Quellen:

Zeh, Juli; Trojanow, Ilja: *Angriff auf die Freiheit. Sicherheitswahn, Überwachungsstaat und der Abbau bürgerlicher Rechte*. München: Hanser, 2009.

Zeh, Juli: *Treideln. Frankfurter Poetikvorlesungen*. München: btb, 2015.

Zeh, Juli: *Vom Sozialstaat zum Kontrollsystem*. In: „Die Zeit" vom 29. 07. 2010; abrufbar unter: http://www.zeit.de/online/2007/41/meldepflicht-patienten.

Zeh, Juli: *Fragen zu „Corpus Delicti": Wann wird der Begriff der „Gesundheitsdiktatur"von der Polemik zur Zustandsbeschreibung?* München: btb-Verlag, 2020. → Fiktives Interview zu Fragen unserer Gesellschaft.

Rezensionen und Abhandlungen zu *Corpus Delicti*:

Finger, Evelyn: *Das Buch der Stunde. Juli Zeh stellt sich den Staat als Gesundheitsdiktatur vor. In ihrer scharfsinnigen Zukunftsvision „Corpus Delicti" ist der Körper das höchste Gut*. In: „Die Zeit" vom 28. 02. 2009; abrufbar unter: http://www.zeit.de/2009/10/L-Zeh.

Geyer, Christian: *Geruchlos im Hygieneparadies. Die Diktatur der Vorsorge als Enteignung der Gegenwart: Mit ihrer negativen Utopie „Corpus Delicti" rührt Juli Zeh an den Nerv unserer zutiefst verängstigten Gesellschaft*. In: „Frankfurter Allgemeine Zeitung" vom 01. 03. 2009; abrufbar unter: http://www.faz.net/aktuell/feuilleton/buecher/rezensionen/belletristik/juli-zehs-neuer-roman-geruchlos-im-hygieneparadies-1774442-p2.html?printPagedArticle=true#pageIndex_2.

Granzin, Katharina: *Die erpresste Sorge um sich. Eine Antigone des Gesundheitswahns: Juli Zeh attackiert mit Tragödienmustern die Hygienegesellschaft – „Corpus Delicti".* In: „Taz" vom 14. 03. 2009; abrufbar unter: https://www.taz.de/1/archiv/print-archiv/printressorts/digi-artikel/?ressort=ku&dig=2009%2F03%2F14%2Fa0025&cHash=a7b286b9ff.

Klocke, Sonja E.: *„Das Mittelalter ist keine Epoche. Mittelalter ist der Name der menschlichen Natur." – Aufstörung, Verstörung und Entstörung in Juli Zehs „Corpus Delicti".* In: Gansel, Carsten; Ächtler, Norman (Hrsg.): *Das „Prinzip Störung" in den Geistes- und Kulturwissenschaften.* Berlin: De Gruyter, 2013, S. 185–202.

Moritz, Rainer: *Unverträgliche Immunsysteme. Juli Zehs didaktischer Roman „Corpus Delicti".* In: „Neue Zürcher Zeitung" vom 18. 07. 2009; abrufbar unter: http://www.nzz.ch/unvertrgliche-immunsysteme-1.3090964.

Müller-Dietz, Heinz: *Strafrecht im Zukunftsstaat? – Zur negativen Utopie in Juli Zehs Roman „Corpus Delicti".* In: Geisler, Claudius; Kraatz, Erik; Kretschmer, Joachim; Schneider, Hartmut; Sowada, Christoph (Hrsg.): *Festschrift für Klaus Geppert zum 70. Geburtstag am 10. März 2011.* Berlin: De Gruyter, 2011, S. 423–440.

Preußer, Hans-Peter: *Gewalt und Überwachung. Juli Zehs apokalyptisches Pandämonium der Jetztzeit und ihre düstere Prognose der ‚Selbstoptimierung' in „Corpus Delicti".* In: Briese, Olaf; Faber, Richard; Podewski, Madleen (Hrsg.): *Aktualität des Apokalyptischen. Zwischen Kulturkritik und Kulturversprechen.* Würzburg: Königshausen & Neumann, 2015, S. 163–185.

Schmidt, Christopher: *Das methodische Flackern der Antigone. Zukunft ohne Vision: In ihrem neuen Roman „Corpus Delicti" entwirft Juli Zeh das Science-Fiction-Szenario einer Gesundheitsdiktatur.* In: „Süddeutsche Zeitung" vom 14. 03. 2009; abrufbar unter: http://www.buecher.de/shop/science-fiction-fantasy-horror/corpus-delicti/zeh-juli/products_products/detail/prod_id/25550288/.

Interviews mit Juli Zeh:

Borgans, Christoph; Meißner, Michaela: *Ich bin ein großer Fan der Freiheit*. Interview mit Juli Zeh. In: „Unique" vom 19. 05. 2011; abrufbar unter: http://www.unique-online.de/%E2%80%9Eich-bin-ein-groser-fan-der-freiheit%E2%80%9C/3340/ (abgerufen am 3.8.2022).

Gernert, Johannes: *Plädoyer gegen die Fitness-Diktatur*. Interview mit Juli Zeh. In: „Stern" vom 24. 03. 2009; abrufbar unter: http://www.stern.de/kultur/buecher/interview-mit-juli-zeh-plaedoyer-gegen-die-fitness-diktatur-3432820.html.

Janker, Karin: *Wir werden manipulierbar und unfrei*. Interview mit Juli Zeh. In: „Süddeutsche Zeitung" vom 26. 11. 2014; abrufbar unter: http://www.sueddeutsche.de/kultur/juli-zeh-ueber-das-generali-modell-wir-werden-manipulierbar-und-unfrei-1.2232147.

Sitzler, Susanne: *Sonst funktioniert der Laden nicht*. Interview mit Juli Zeh. In: „fluter" vom 16. 03. 2011; das Interview ist leider auf der Online-Seite des fluters nicht mehr abrufbar.

Schröder, Andrea: *Nachdenken über Wertefragen.* Interview mit Juli Zeh. In: *Der Deutschunterricht.* Beiträge zu seiner Praxis und wissenschaftlichen Grundlegung. H. 4 (2007), S. 60–64.

Tigchelaar, Klaas: *Wir wollten den Leuten mit dem Arsch ins Gesicht springen*. Interview mit Juli Zeh. In: „Planet Interview" vom 23. 01. 2010; abrufbar unter: http://www.planet-interview.de/interviews/juli-zeh/35114/.

Sekundärliteratur:

Bentham, Jeremy: *Eine Einführung in die Prinzipien der Moral und der Gesetzgebung* (1789). In: *Empirismus.* Hrsg. von Günter Gawlik. Stuttgart: Reclam, 1980, S. 246 f. (= Geschichte der Philosophie in Text und Darstellung. Bd. 4).

Innerhofer, Roland: Artikel *„Science Fiction"*. In: *Metzler Lexikon Literatur.* Hrsg. von Dieter Burdorf, Christoph Fasbender, Burkhard Moenninghoff. 3. völlig neu bearbeitete Aufl. Stuttgart, Weimar: Metzler, 2007, S. 698 f. → Zitiert als ‚Innerhofer 2007a'.

Innerhofer, Roland: Artikel *„Utopie"*. In: *Metzler Lexikon Literatur.* Hrsg. von Dieter Burdorf, Christoph Fasbender, Burkhard Moenninghoff. 3. völlig neu bearbeitete Aufl. Stuttgart, Weimar: Metzler, 2007, S. 795 f. → Zitiert als ‚Innerhofer 2007b'.

Innerhofer, Roland: Artikel *„Utopischer Roman"*. In: *Metzler Lexikon Literatur.* Hrsg. von Dieter Burdorf, Christoph Fasbender, Burkhard Moennighoff. 3. völlig neu bearbeitete Aufl. Stuttgart, Weimar: Metzler, 2007, S. 796 f. → Zitiert als ‚Innerhofer 2007c'.

Kant, Immanuel: *Beantwortung der Frage: Was ist Aufklärung?* In: *Kants Werke*. Bd. 4. Hrsg. von Artur Buchenau und Ernst Cassirer. Berlin 1922, S. 167 f.

Steltzner, Holger: *Bargeld ist Freiheit. Der Kampf gegen das Bargeld setzt am falschen Ende an: Das Problem sind nicht die Kriminellen, sondern die Feinde von Freiheit und Vermögen.* In: „Frankfurter Allgemeine Zeitung" vom 05. 02. 2016; abrufbar unter: http://www.faz.net/aktuell/wirtschaft/kommentar-bargeld-ist-freiheit-14052753.html.

Theaterstück:

Corpus Delicti. Uraufführung am 15. 09. 2007. Regie: Anja Gronau → Auftragswerk für die Ruhrtriennale Essen 2007.

Hörspiel:

Juli Zeh und Slut: *Corpus Delicti. Eine Schallnovelle*. Hamburg: Strange Ways Records 2009. → Die Ingolstädter Band Slut komponierte 10 Songs zu Zehs zum Teil neu arrangierten Textpassagen aus dem Roman.

Internet-Adressen:

www.juli-zeh.de → Verlagsseite zu Juli Zeh: Informationen zur Autorin, ihren Büchern und Essays.

Encke, Julia: *Bloß nicht bewegen*. In: FAZ, aktualisiert am 2.6.2020. https://www.faz.net/aktuell/feuilleton/buecher/rezensionen/belletristik/neues-buch-von-juli-zeh-ein-buch-ueber-die-corona-pandemie-16793883.html?printPagedArticle=true#pageIndex_2

https://www.deutschestheater.de/programm/a-z/corpus_delicti/

Alle Internetquellen: Stand August 2022

EIGENE NOTIZEN